品牌公关实战手册

Geoff Li
姐夫李的
20年公关方法论

李国威 著
插坐学院 出品

中信出版集团 · 北京

图书在版编目（CIP）数据

品牌公关实战手册：姐夫李的 20 年公关方法论 / 李国威著 . -- 北京：中信出版社，2018.12 (2019.8重印)
ISBN 978-7-5086-9455-9

I. ①品… II. ①李… III. ①广告 – 营销 – 手册 IV. ①F713.86-62

中国版本图书馆 CIP 数据核字（2018）第 206738 号

品牌公关实战手册——姐夫李的 20 年公关方法论

著　　者：李国威
出版发行：中信出版集团股份有限公司
（北京市朝阳区惠新东街甲 4 号富盛大厦 2 座　邮编　100029）
承 印 者：北京诚信伟业印刷有限公司

开　　本：880mm × 1230mm　1/32　　印　　张：10.5　　字　　数：249 千字
版　　次：2018 年 12 月第 1 版　　印　　次：2019 年 8 月第 3 次印刷
广告经营许可证：京朝工商广字第 8087 号
书　　号：ISBN 978-7-5086-9455-9
定　　价：58.00 元

目录

第九章 / 能力进阶：那些容易被忽视的关键能力

序

公关人需要自己的教科书

我以前不是做公关的，甚至都没有接触过真正的公关人。

第一次见到李国威老师，是在 2016 年。那是“新榜”组织的一场大型线下论坛，主题是“借势还是造势”，台下坐着 500 多人，我和他都是演讲嘉宾。

我就坐在第一排，听李国威老师的演讲，觉得这个人很有意思，岁数好像不小了，满头灰发，但精神饱满，不失严谨的休闲西装，语言表达逻辑清楚，还有一点互联网人的煽动劲儿，但又明显有着大公司训练出来的气场。

李国威老师的演讲主题是“B2B（平台对平台）企业的热点营销”，内容比想象中好玩多了。伴着台下的笑声和掌声，我就决定，要跟这个人合作。

活动结束后，我问李国威老师能不能聊上几分钟，他爽快地答应了。工作人员忙着收拾场地、给嘉宾发礼品，我们绕开人群，躲进一间休息室。

我直截了当地说：

你授课非常棒，内容有意思，台风很好。而且B2B方向的品牌营销，正是我们平台特别需要的知识，而且是系统知识，这方面如果没有大量的实际经验，是很难讲的。我想邀请你来插坐学院做讲师。

没想到的是，李国威老师很爽快地答应了，他也很认可插坐学院的培训理念，连什么条件都没问，就答应做我们的签约讲师了。

后来，我还听说他因为与插坐学院合作，回绝了很多培训平台的签约。真的很感激，当然这些就不在这里赘言了。

我在回公司的路上，又认真查了查李国威老师的履历资料，才恍然大悟，原来他是深藏不露。他哪里只是会讲B2B品牌营销，他在过去二十年一直从事品牌公关工作，先后任职于多家全球顶级公司。于是，我开始策划、推动，让李国威老师拿出全部精力，把过去二十年的工作经验，梳理成一门真正有用的课程。

这就是后来在“好多课”App（应用程序）上推出的在线课程《品牌公关·工作指南》。

不出所料，这个系列课程推出以后，迅速成为全网最受欢迎的公关实战课程。音频+文字+PPT（演示文稿）的授课形式，也很受学员欢迎，大家反馈最多的是：

李国威老师在公关行业经验超级丰富，既有视野高度，又特别接地气。很多节课程的内容，直接就能拿来优化眼前的工作。

也有学员说：

前一阵公司要接待一位政府高层领导，我把李国威老师的课程内容——《如何接待政府高层领导访问？》——翻出来听了2遍，直接就在接待活动中用上了。

还有很多学员，在好多课App留言区跟李国威老师互动，问题种类五花八门：

李老师，我刚刚入行，一个媒体都不认识，我怎么能跟他们认识啊？

李老师，我们CEO（首席执行官）爱说一句话，凡是不以销售为目标的营销活动都是耍流氓，公关一定要促进销售吗？

李老师，老板让我们自己写明年的工作考核目标，您觉得有哪些指标和维度可以检验公关部的成绩？

李老师，我是做平面设计的，想做公关，你觉得需要做什么才能转行？

李老师，我在乙方做了10年了，是不是应该找个甲方的工作机会？

这些问题，李国威老师都一一回答了。他的课程留言区，简直就是一个品牌公关的十万个为什么。

其实，还想和各位朋友分享一件事，那就是我大概用了3个月的时间，说服李国威老师接受《品牌公关•工作指南》这个实操型的课程定位。

最初，李国威老师是有顾虑的，他担心实操型的内容太基础。但我坚决说服他，因为国内大多数公司，公关工作都很薄弱。

2018年，全球500强企业中，中国公司的上榜数量仅次于美国，位居全球第二。这意味着，中国企业在全球经济中的地位越发重要。当然，在中国企业快速发展的背后，也潜伏了一系列随时可能发生的品牌危机事件。

但很多营收上百亿的企业，甚至连一个全职的公关岗位都没有，更别提公关部了。公关在中国，也是一个小众职业，更谈不上高端职业。

这就导致很多企业在发生危机事件时，很像在高速公路上奔跑的孩子，突然跌倒了，环顾四周，手足无措。

所以，营销大行其道多年之后，公关应该走向前台了。公关人那么忙，那么辛苦，公关人应该有一本属于自己的从业教科书。

我对李国威老师说，这不仅是公关人的事儿，也能在很大程度上影响中国企业的品牌形象。你有20年的全球公司的从业经验，这件事必须你做。好在，我每次讲到对广大公关从业者的价值时，李国威老师都会坚决配合。

再好的课程，也需要推广，何况公关课程本身比较小众。没想到的是，在撰写李国威老师的课程文案时，我和团队对李国威老师也有了更深的了解：

名校毕业，英语本科，新闻学硕士，在新华社工作七年，其中三年在英国做驻外记者，先后在生力啤酒、通用汽车、华晨汽车、通用电气做了20年的企业品牌公关，参与领导了公司北京奥运会赞助项目、上海世博赞助项目，在广告、公关、雇主品牌、企业社会责任、危机管理等领域都有丰富的经验。

李国威老师还是公关界最知名的自媒体人之一。

他的微博、微信号“姐夫李”一直拥有一批高质量的公关读者群。虽然公关界有不少人都是媒体出身，但像李国威老师这样，常年在实践中边做边写的，其实十分罕见。

这也说明李国威老师对公关工作的极大热情。

很多人说，做管理、做业务，跟讲课写书，是两个不同的频道，一个频道会挤占另一个频道。所以，要么只写不做，要么只做不写。

但李国威老师认为，实际工作和输出价值同样重要。不管是写作，还是讲课，输出价值，都是他多年来一直保持的习惯。

早在 2010 年，他还在通用电气公司做高管，那还是博客时代，就出版了一本完全由自己写作的职场书《金领手记——领导为什么不生病》。

很多那个时代的公关和职场人，至今还记得那本书里的金句和段子。那时候的李国威，轻松潇洒，认为做好本职工作算不了什么，把业余做到极致才是本事。

既然说到这儿，不妨再爆个料，李国威老师的业余本事，还有很多。

2018 年春节前，我和李国威老师在一家日料餐厅吃晚饭。因为挺晚了，又开了一下午会，都有点儿累，我就随口问他一句：姐夫，你平时有没有啥爱好？

没想到李国威老师说：以前经常玩键盘电子琴，现在玩得少了。

我一听就来劲了，因为我也喜欢音乐，马上追问，你玩键盘什么水平？描述一下我听听，看看比我强不。

结果，李国威老师一脸压抑不住的傲娇：小学学的手风琴，中学给班级大合唱伴奏；大学和同校同学刘欢玩电子琴，为刘欢伴奏，帮他在 1985 年北京高校法语和英语歌曲大赛上一举成名；工作后，还在新华社组成的乐队里演奏键盘，为新华社舞会和中直机关歌咏大会等活动伴奏。

好家伙，我只知道李国威老师是公关圈的绝对大咖，没想到他还是一个玩键盘的文艺青年。

这样的人做公关，没法不精彩。

我经常想，我们这些80后、90后的创业者，到了李国威老师的年龄（他是60后），会是怎样的状态？还能不能保持那种对一切事物的好奇心，为了一个目标，执着甚至笨拙地努力。再多一点期望，能不能拥有更强大的包容之心，在接受这个世界的种种不完美的同时，依然保持乐观向上的力量。

过去一年，李国威老师全力投入到写作和公关培训中，"姐夫李"在行业中赫赫有名。插坐学院为他开办了多场线上和线下课程，很多同学都是他多年的粉丝，也有很多当年的粉丝，现在做了部门领导，又推荐部下来听他的课。

这本《品牌公关实战手册》，凝聚了李国威老师20多年的公关从业经历，我相信，在中国企业影响力越来越大的今天，这本书不仅能系统帮助中国公关人成长，也能在很大程度上，进一步推动中国企业的品牌影响力。

是为序。

何　川

插坐学院、好多课App创始人

2018年10月23日

前　言

有种特别的精彩，叫公关

我做过七年记者，20年企业品牌公关，一直觉得公关是一个有感、有趣、令人羡慕的行业。

但是这两年也听到不少困惑甚至怀疑的声音。

有的跟我说，公司CEO对负面舆情零容忍，要求公关部删除网上所有的负面新闻。这个太难做了啊。

有的说，公司新产品发布，老板要公关部找10家国际主流媒体做专访，来一轮产品正面报道，这个做不到啊。

一个朋友在公关公司做总经理，一天有个90后部下冲进他办公室，问公关的意义到底是什么，朋友讲了半天好像没能说服他，第二天这位“小朋友”就辞职了。

更有不少70后做品牌公关的朋友问我，已经40岁了，还能升职，还能转型吗？

这些问题，也让我重新思考公关的价值。

其实，从22年前我离开新华社记者的岗位，加入生力啤酒公司做企业公关的那一刻起，我就不再想出名、荣誉那些事情，直到这几年新媒体崛起，每个人都是自媒体，个人品牌对职业发展的作用越来越明显，我才开始开微博，做公众号，参加行业论坛，有意识地建立自己的个人品牌。

而公关这一行的本质——为别人制造精彩，为品牌创造价值，从来就没有改变过。

人们会议论，苹果的产品真好，很少有人说苹果的公关做了什么。

很多人都会感慨，马云的口才真好，但很少有人讲阿里巴巴的公关团队为准备马云的讲话做了多少幕后工作。

回想我自己做企业品牌公关20年，那些所谓辉煌的瞬间，赞助北京奥运会，赞助上海世博会，在人民大会堂做活动，与公司领导去中南海见国家领导人……历历在目，而我最喜欢的瞬间，是一次次成功的活动之后，团队与客户在舞台上合影，我静静地躲在暗处，看那些骄傲的笑脸，悲涩喜极的泪水。

公关就是这样，创造精彩，成就别人。

我现在还想说，公关的精彩不仅是别人的，也是我们公关人自己的。

每个行业、每个角色都有属于自己的独特瞬间，刚刚给孩子洗完澡的母亲，目送痊愈的病人远去的医生，写完作品最后一个字的作家，做好一道大菜的厨师……如果不能享受那样的瞬间，他就不会真正热爱他的角色、他的行业。

对品牌公关，我们的骄傲瞬间是：完成一个客户和老板满意的创意，第一时间读到自己安排的媒体专访报道，听到CEO在重要舞台上的精彩发言中使用你准备的观点和数据。

喜欢这样的瞬间，愿意承受这些美好瞬间之前痛苦的过程，我们是同类。

在我做记者的时候，特别推崇国外一位前辈的一句话：新闻记者是世界上最伟大的职业，因为他们将穿着不带锈迹的盔甲进入坟墓。

这句话也适合公关，我们每天都在接触最新的事物，站在最前沿文化的潮头。

以前在跨国公司工作，我的国内和国外的同行，每天早晨第一件事，就是阅读当天主要媒体的新闻和评论。

今天，公关公司的小伙伴们，每天要刷半小时抖音，用一小时研究百度、微博、微信热搜事件背后的原因。

我们每天都在擦拭自己的武器，磨亮自己的盔甲。

媒体专访、活动策划、产品推广、品牌重塑，不管是大的还是小的方案，背后都是数小时、数日、数月、数年的积累。过去我们说知识和经验的积累，现在还要加上，在不断地调整和试错中锻炼的手感。

我可以说出喜欢公关的一千条理由，也可以找到不喜欢公关的一千条理由，怪老板，怪不讲道理的客户，可是如果你不想在抱怨中生活，就把这些理由一一划掉。

当然我们也发现，公关越来越难做了。过重的信息负载，过于拥挤的市场，观念要进入用户心智，品牌要脱颖而出，在浮躁的世界保持清醒，让每一个创意都产生价值，公关的挑战，只有那些充满热爱的人，才能知难而进，永不退缩。

好在我们并不孤独。美国著名营销学者阿尔•里斯说：广告是风，公关是太阳。公关与广告，公关与数字营销，公关与产品营销，公关与智能技术，越来越深刻的行业融合为品牌公关从业者提供了更多的职业机会，也为公关发挥独特作用提供了更广泛的空间。

公关是一个行业，更是一种思维。公关部可能会不存在，但公关的方法论经久不衰。

在我与插坐学院合作开设品牌公关线上课程的一年多时间里，有7000多名学员成为我们学习社区的一员，累计听课次数60多万次，我在线上回答了学员提出的数千个问题。在北京、上海和深圳开办了七次线下培训班，还有一系列小规模的线上直播和线下交流。

这本《品牌公关实战手册》，是根据我的线上课程，对内容做了精选和编排。它以分主题的形式，概括了品牌公关行业常见的实战问题，弥补了品牌公关行业缺少系统实战教材的不足。这本实战手册，也许会帮助你解决日常忙碌的实际工作中的小小困惑，或者在规划重大项目时，为你提供一个系统方法论的参考。

公关人有属于自己的别样精彩，它是永不疲倦的创造力，是公众利益和企业价值观之间一道顽固的道德防线，是甘愿在聚光灯之外享受他人成就的习惯，是痴迷于学习、分享和自我完善的偏执精神。

希望这本手册能帮助品牌公关行业的每个人创造更多属于自己的精彩。

第一章 /

岗位职责：做好品牌公关，从了解它开始

一直以来，人们强调要“干一行爱一行”，却忽略了一个客观存在的事实：兴趣永远是最好的老师。如果不能真正喜爱一份工作，便无法百分之百地投入，也就不能做到最好。真正的喜欢，往往是建立在对工作正确认知的基础之上。做好品牌公关，要从了解它开始。

到底什么是公关：想尽一切办法，让别人说你好

如何做好品牌公关？在回答这个问题前，我们一定要清楚另一个问题：品牌公关到底包含哪些工作？

经常有学生对我说："我觉得自己对于这个行业挺喜欢，可是不了解品牌公关到底要做什么，不知道自己真正做起来是什么感觉，也不知道自己是不是能够胜任。"医生是看病的，教师是讲课的，司机是开车的，会计是算账的，销售是卖东西的……那么，品牌公关是做什么的？

事实上，"品牌公关"是当前我们对"公关"行业实际描述的扩大。作为一个行业和体系，"公关"在国外已经有100多年的历史。百度百科将其定义为"一个组织为了达到一种特定目标，在组织内外部员工之间、组织之间建立起一种良好关系的科学"。每一个公关理论家都对公关有一个定义。不可否认，他们的探讨和研究促进了整个行业的进步，但也给我们带来了一定的困惑——到底什么是公关？

在现实生活中，很多人对品牌公关的工作存在很大的误解，因为他们对公关的了解，很大程度上来自酒店公关的招聘广告："诚聘酒店公关，要求：年龄25岁以下，身高1.65米以上，五官端正，诚实

敬业……”对于外貌的过高要求，使得人们常常用异样的眼光来看待这份工作，甚至唯恐避之不及。

下面，我们可以先通过一个案例来了解一下到底什么是品牌公关，品牌公关又需要做哪些具体工作。

可口可乐公司是世界知名企业，旗下包含可口可乐、雪碧、芬达、美汁源、冰露等多个产品品牌。2014 年，可口可乐公司在阿联酋迪拜做了这样一件事——设计了可口可乐电话亭，投进一个可乐瓶盖，便可以通话 3 分钟。迪拜有大量来自东南亚的务工人员，对于远离家乡、工资微薄的他们来说，给家人打电话是一件幸福而奢侈的事情。当时他们的人均工资只有 6 美元/天，而电话费却高达 0.91 美元/分钟，要知道，当时迪拜的可乐一瓶仅售 0.5 美元。

记录这个事件的视频很快被世界各地的网民转发，大家觉得可口可乐是一个有创意、有爱心、能给人带来快乐的品牌。这就是品牌公关定义中说的“塑造企业品牌形象，提高企业品牌形象”的行为。

结合这个案例，我们来总结一下品牌公关的三个维度——目标、受众、手段，以及需要做的具体工作。

目标：塑造组织形象

品牌公关的目的是为了提升企业和个人的形象。为什么要提升形象？对政治家来说，是为了得到选民的选票；对企业来说，是为了让消费者喜欢并购买它的产品；对政府来说，是为了得到公众的支持，获得政绩；对公益组织来说，是为了得到捐赠……

可口可乐电话亭向世人展示了“富有爱心”的企业品牌形象，增加了广大消费者对品牌的好感度，这也正是可口可乐公司策划这次活动的初衷。因此，这是一次非常成功的品牌公关。

而针对目标的确定，品牌公关需要做的具体工作则包括以下几点：

1. 知道别人怎么看自己 用市场调查和竞争分析确定组织面临的品牌优势、劣势、机会和威胁。

2. 决定自己要成为什么 为品牌做一个定位，用差异化、简洁、聚焦的方式，一句话描述品牌。

3. 确定自己要跟人讲什么 做出一套有事实、有洞察的话术，在主题不变的情况下不断更新内容，在所有对外沟通中使用这些话。

受众：确定需要影响的人群

所谓受众是指公关针对的对象。品牌公关的受众一定是大众，一定是群体，而非个人。这个群体可以很大，也可以很小——大到影响全世界，比如我们做关于保护环境的公关；中到针对一个国家或一个行业，比如在美国做总统竞选的公关，在汽车行业推广节能减排的公关；小到针对一个社区，比如在你家小区宣传垃圾分类。

在可口可乐电话亭活动中，直接受众是迪拜的东南亚劳工，但实际上影响的是全世界消费者对企业品牌的认同。

在受众的确定上，品牌公关需要做的工作具体包括以下几个方面：

1. 确定所要影响的人群 根据企业发展的总体目标，列出需要影响的人群和渠道。可能对你这个品牌来说，政府、媒体、消费者、行业协会、非政府组织都很重要，那么在制定战略的时候，一定不能忽视任何重要的和潜在的对品牌有巨大影响的人群。

2. 确定需要影响的重要人群 比如特朗普之所以能赢得美国大选，关键在于他和他的团队拿下了中西部一些"摇摆州"，如密歇根州、俄亥俄州等。

3. 确定不同发展阶段的主要影响对象 受政策限制比较大的行业，比如互联网金融，一开始影响政府特别重要；产品遍布市场的品牌，媒体、消费者协会可能是主要影响对象；在企业文化变革时期，员工是最重要的影响群体。

4. 确定不同地域的主要影响对象 针对不同地区的产业限制、文化特点，确定影响对象。比如一个全球企业，在美国经营业务要注意某些行业对工会的影响；在中国要注意对政府的影响；在伊斯兰国家，要注意对宗教的影响。

手段：做好传播，用活动和内容实现影响

所谓手段就是做品牌公关的具体方法，这里的关键词是"传播"，

要想方设法将品牌的名声传播出去，让大家都知道——这才叫品牌公关。

比如可口可乐公司将设计、打造电话亭的活动用视频记录下来，并在网上进行发布，从而吸引世界各地网友竞相转发，这就是传播。

这种传播行为包括但不限于：请客户和媒体参加产品发布会；在社交媒体发布文字和图片，讲述你做的值得骄傲的事；邀请媒体访问公司高层领导；参加行业展览会；发布行业白皮书……

在这里，我们没有特别提广告，因为广告是建立品牌的一种独特的行为，是自己制作内容，通过媒体以直接付费的方式发布的传播活动。当然，我们不能说公关就不花钱，但是公关花钱不是直接购买媒体的版面、时段，而是通过影响特定人群，如记者，让他们帮助你实现最好的传播效果。

举个例子，你举办一个行业论坛，要租场地、请参会人员用餐、做背景板、租灯光音响设备、雇公关公司等，这些都需要费用，但是通过这个活动，你得到了重要客户对你的认可、媒体的报道，以及嘉宾对你的主张的回应，这些都不是用钱直接买来的，这就是公关。

下面这个讲公关和广告区别的笑话，很好地诠释了这两个岗位的不同之处：

一个男生在直播平台上说："我这人不错，颜值高，身材好，人品棒。”——这是广告。

一个男生请一个女生吃饭，说好听的话夸女生，吃完饭还送她回家，然后女生对自己周围的人说：“这个男生人不错。”——这就是公关。

请注意品牌公关的一个核心问题，就是想办法让别人说你好。要想做到这一点，可以使用下面这些手段：

组织产品发布活动；建立和维护媒体关系；建立和维护与意见领袖的关系，包括有影响的业界人士、自媒体人士等；制作企业传播内容，包括运营企业自媒体，撰写给媒体的新闻稿等；安排媒体对CEO（首席执行官）和企业高管进行专访；为企业高层准备重要活动的讲话稿或发言要点；建立企业危机公关体系，包括员工危机应对培训、发言人培训等；处理危机公关事件，协助管理层确定回应方式、口径，完成传播……

总之，针对品牌公关的具体工作都是围绕其所包含的目标、受众以及手段这三个维度来进行的。其中，目标以及受众更偏重战略和规划，手段则更偏重执行。

纸上得来终觉浅，绝知此事要躬行。每个项目真正实践起来都不是一件容易的事情，即使是一场非常简单的产品发布会，要想做得圆满，所要付出的努力也是可想而知的。品牌公关是一个激动人心的行业，虽然辛苦，但其市场需求及回报也很大，欢迎你加入品牌公关这个大家庭！

知识储备：
在深度和广度的交错中，找到自己独特的位置

在科学技术日益发展的今天，无论你身处哪个行业，要想走得更远，都应该学会不断学习，超越自己。品牌公关也不例外。在理解该行业需要做的具体工作的前提下，从业者们需要结合自身原有的知识储备，不断完善并提高自己，以此来引导和满足市场越发多元化的需求。在职业发展中，最糟糕也是最好的状态就是感觉知识不够用，因为知识本身可以学习，可以补救。

品牌公关对知识储备的要求较为全面。在一个较大的企业中，职能分工可能相对明确，但是在大多数情况下，品牌公关是一个灵活的岗位，工作范围相对较广，并不固定。虽然我们一直在强调品牌公关应该管理战略而不是充当救火队，但在实际工作中，你免不了到处救火，比如一个大型活动需要有人帮忙接待客户；公司公众号运营人员生病了，但是有个微信现场报道需要迅速完成……因此，品牌公关负责人往往更希望自己团队的人是“全能选手”，而不是技能单一的专业人士，比如做活动管理的完全不会写公众号文章，学媒体关系的对组织员工活动一窍不通……

20年前我刚进入公关这个行业的时候，老板在香港，内地的公关人员就我一个人，所以媒体关系、产品发布活动、销售活动支持、CEO形象管理，都是由我来做。后来到了通用汽车这样的大企业，团队的人多了些，但还是需要多头管理。我的工作状态是白天与市场部和销售部开会讨论策略，与媒体沟通，晚上写新闻稿和背景资料，工作强度很大，但是成长的速度也非常快。

所以，品牌公关总体上需要是个杂家，和记者有些相似，什么知识都要学，而且还要学得快。我们要了解的知识包括传播学、新闻学、心理学以及社会学。当然，你千万不要被这些“学”吓住，其实很多时候，这些所谓的“学”并没有想象中那般深奥。

我在读研究生时学的是“新闻学”，但是到现在大家还在争论新闻到底是“学”，还是仅仅是一项技能。我毕业拿的学位是“法学硕士”，开始印在名片上，很多人问我能不能打官司，于是我便把这几个字去掉了。

在全球人力资源管理圈子中，有这样一种说法——Go deep first, then wide，即先深后广，就是要先把一个行当做深做透，然后再逐步扩展自己的职业技能。

比如你做财务，要首先考虑如何在进入职场10年后做到财务专家；做销售的要成为销售高手，每年拿上亿的订单……之后再考虑自己下一步应该怎么办。如果你真的颇具潜力，公司通常会给你安排不同的工作，比如让做财务的去管行政，做销售的去管运营……之后，你的职业生涯便有可能一步步向前发展，直至顶峰。

回到品牌公关这个行业，这样的例子也不在少数，比如从品牌公关做到CMO（首席市场官），然后做了CEO。当然，并不是每个人都会有这样的天分、激情和机会，但无论怎样，首先将自己的本职工作做好都是最重要的。

要想成为行业内的专家，一定要先将一个具体领域的工作做好，比如活动管理，从策划管理50人的活动到管理2000人的活动；比如新媒体运营，从一个搜集网上数据的助手，变成经常写出阅读量"10万+"公众号文章的专家；比如媒体关系，从与报社小记者联系，到与CNN（美国有线电视新闻网）大牌主持人交锋。

值得强调的是，品牌公关不同于其他行业的地方在于：做深和做广经常是同时进行的。同样以活动管理为例，从管理50人到管理2000人，改变的不仅仅是活动本身，还有活动的性质。随着管理人数的增加，你对品牌、对企业文化的理解也应该随之加深。从与报社小记者联系到与CNN大牌主持人对话，你需要对企业战略以及行业格局拥有更为深刻的理解……

插坐学院原副总裁、新媒体金牌讲师粥左罗仅用了一年多的时间，便从摆地摊卖明信片的销售员成为写出一系列"10万+"公众号文章的新媒体专家。他的经验看起来是做深，迅速成为新媒体专家，但是他还有一个秘密，就是他上岗新媒体编辑后，52天没写一篇东西，而是疯狂地读书、上网，研究整个行业的规律，研究爆款文章的写法。

粥左罗在做深的同时也在像记者一样做广，看看他的爆款文章《摩拜CEO：失败了，就当做公益吧》《靠给员工画大饼，一口气创办10家公司，身价过亿！他的创业模式吓傻周鸿祎》，这不是仅仅靠研究新媒体标题、行文和转折的套路就能做到的，还需要依靠他对互联网行业的理解力，对公众心理的理解力，对文字、节奏的把控力，等等。

因此，在品牌公关这个行业，做深和做广并非独立进行的。在某一个阶段、某一种环境下可能强调专注，但有时候，“深”和“广”也需要同时进行。

首先要做深做专，掌握一两种独门绝技。比如我是记者出身，在媒体方面比较强，有的业界大咖从专业活动管理开始，有的从员工沟通开始……之后，在深度和广度的交错发展中，逐步找到自己独特的位置，比如我现在号称品牌公关战略专家，你可以成为数字营销专家、品牌策划专家、活动管理专家……当然，几乎所有的专家头衔前面，都有“战略”这顶帽子，因此你必须对一个企业和行业，对中国和全球政治经济环境有深刻而广博的认识，你要能站在CEO的角度思考问题、做决定，这就是我们常说的领导力。

总之，品牌公关在知识和技能上，要了解传播学、新闻学、心理学以及社会学方面的相关知识，在实践中积累品牌公关专业的深度知识和广泛的社会知识，提高领导力。此外，还要了解与当今技术、社会、潮流相关的知识，空余时间可以阅读一些在业界有影响力的书籍以及公众号。

关键能力：
人永远不够用，你什么都要做

在职场发展过程中，职业关键能力的考察和培养非常重要。职业关键能力的考察和培养，对于企业而言，有助于优质人才的选拔和提升；对于个人而言，则直接影响个人职业生涯的成长速度。很多时候，一个人之所以不能取得成绩，并不一定是因为不够努力，而是没有意识到自己努力的方向可能是错误的，不知道哪些能力才是工作真正需要的。

简单来说，所谓职业关键能力在实际工作场景中，就是招聘一方需要找具备什么样能力的人，求职一方具备怎样的能力，才有底气去心仪的公司面试。通常，品牌公关从业者需要具备以下三个方面的关键能力：

人际交往能力

面试中，我们常常会遇到一些听起来很空泛的问题，比如谈自己过去的经历。这些问题看似简单，实际却玄机无限。回答开放式问题，是最考验你人际交往能力的。我在招人面试的时候，一般会通过以下几个问题来考察面试者的人际交往能力：

1. 请谈谈你自己过去的经历

在谈自己过去经历的时候，很多人喜欢长篇大论，从童年讲到工作，事实上，这种做法并不明智。通常情况下，回答这个问题不能超过 5 分钟。一个真正好的回答往往只需要包含自己任职过的主要岗位、参与过的重大项目、服务过的重要客户，以及自己经历中独特的地方等几个主要方面。比如：

我叫张晶晶，北京航空航天大学英语系毕业，5 年工作经历，前三年在奥美公关做客户助理，服务过英特尔和GE；后两年在万博宣伟做客户经理，参与过北京申办 2022 年冬奥会项目。我工作之余喜欢跑步，去年跑了半马（半程马拉松），今年准备跑一次全马（全程马拉松）。

就这样简单的几句话便可以将所有面试官想要了解的问题交代清楚。不要小看这个回答，很多事实本身就能够说明一定问题，比如英语专业毕业，英语应该不会很差，像在外企工作的面试官对于语言通常还是有一定要求的。此外你服务这些大客户时见过的世面，如参与北京申办冬奥会这样的大事件从而得到的经验，都会影响到面试官对你的印象。

这样的回答还可能引出更多的好奇，为你赢得更好的展示自己的机会，比如长跑与毅力，运动与解压，都可能会成为接下来的面试话题。但是最初介绍中的点到为止，是对面试官的尊重，表明你重视他人的感觉，这是人际交往的基本原则，也是品牌公关行业考验的一个基本素质。

2. 请问你为什么喜欢品牌公关这个行业？为什么要申请我们公司这个职位？

这两个问题和你的专业能力有关，但更多的也是在考察你的人际交往能力。面试官可以从你的回答中了解你对面试人、面试公司的感觉，获得对你的有效印象，并能在第一次接触中摸清双方契合度——我们叫chemistry（化学）——是不是匹配。

在回答此类问题时，应该包含的要点有：你对品牌公关行业的见解；你对申请公司的一般理解，切记不要讲深；你对面试人的印象和感觉。比如：

品牌公关看似谁都能做，但是真正做好需要的功夫远非常人可以想象。我在做北京申办冬奥会项目的时候，亲眼看见当时的老板是如何培训市长接受外媒采访的，发现做好国际传播需要的学问真是太多了；我帮助管理北京申奥的Facebook（脸书）账号，后来到马来西亚参与奥申委最后陈述，安排发布会落实各种细节，从中我体会到品牌公关既需要很强的战略思维，又要求对细节的执行力。

我申请咱们公司的这个职位，是因为喜欢这个有国际影响力的大品牌，它基础好，在中国机会特别多。我看到你们在做的与国家发改委合作的项目，还有新的广告战役，特别有感觉，我觉得国家项目、广告战役出来以后，有很多传播的机会，我愿意参与这个品牌提升的进程。我看过您最近发表的文章，讲跨国公司如何利用中国提出“一带一路”倡议的历史机遇提升品牌影响力，我也觉得这方面机会很多，很希望能参与进来。

回答看起来内容很多，但实际上耗时只需要 1 分 30 秒左右，不算长，以上我所强调的三个要点都已经包括在内。要出色地回答这个问题，不仅需要你在面试之前做足功课，更需要你在工作中不断总结对行业的独特见解。

一专多能

前文我已经强调品牌公关的负责人往往更希望自己团队的人是“全能选手”，因此一专多能也是品牌公关面试时需要考察的一个重要方面。我在面试中一般会问：你的专业强项是什么？在强项之外还能做什么？举例说明，你在完成自己的主要职责，服务自己的主要客户之外，是怎么帮助其他团队成员的。

我认为，在基本职责分明的情况下，过度的职责划分会影响团队业绩，也影响个人发展。

我在通用汽车公司工作的时候，品牌公关有北京和上海两个团队，我们没有按照业务功能条线分，比如谁管媒体，谁管活动，而是功能和地域结合。在北京发生的活动，由北京团队主管；在上海发生的活动，由上海团队主管。

活动管理是耗时耗力的工作，高峰时间要全天候投入，这时必须由另外一个团队负责文字工作，撰写新闻稿、讲话稿、危机预案等，两者不可混同，因为一个人不可能一边看场地，做流程预演，落实客户名单，一边改写新闻稿。

而在实际工作中，我也曾看到很多团队由于功能条线分得太细，导致员工“忙时真忙，闲时真闲”的情况出现。所以，一专多能是品牌公关人的基本素质。我自己在做品牌公关项目时就经常切换角色，比如：

1.按宏观思维和具体细节划分

（1）宏观：接待中央领导视察，准备公司汇报材料。

（2）具体：陪同地方政府领导勘察中央领导视察路线。

2.按品牌公关工作的不同功能划分

（1）参加行业展会，审查公司布展方案。

（2）为企业负面报道坐在媒体总编辑办公室讲理。

（3）主持公司新闻发布会。

（4）为全球CEO担任客户会见和大型活动的翻译。

当然，你不一定要能够做所有这些事，但一定要能够表现出你的灵活度，以及肯学习、善于学习的态度，时刻准备应对我们这个行业无奈的现实：**人永远不够用，你什么都要做。**

写作能力

写作能力对于品牌公关的重要性毋庸置疑。仔细观察不难发现，许多知名企业的品牌公关负责人几乎都来自媒体，包括我自己最早也是新华社记者。究其主要原因，除了记者视野广，更了解国家和行业的大战略外，就是他们具有较强的写作能力。

总之，对于品牌公关这个行业而言，写作能力强的人往往更容易得到自我提高和升职的机会。写作对于品牌公关工作的作用主要体现在以下几个方面：

1.从宏观和用户角度考虑问题：写作与品牌传播的出发点一致。

2.发现事物之间的联系：写作与品牌传播的方法论一致。

3.建立有效的表达结构：写作与品牌公关对话题驾驭的能力一致。

因此，我在招人时，对于应试者的写作能力也非常看重，即使不要求其现场写作，也会看一下他曾经写过的东西，从而分析出应试者对文字的兴趣和耐心。

职业素养：
平时不注意的小事，极有可能就是大事

要想在职场中生存，把一份工作做好，光有知识和技能是绝对不够的，还要具备一定的职业素养，这是一个人责任感和职业道德素养的基本体现。那么，到底什么才是职业素养？做好品牌公关到底需要哪些职业素养呢？

我曾经参加过中国人民大学举办的一次公关活动，时任空中客车中国公司公关副总裁米晓春在为该活动发表的开场词中，讲了公关人良好的职业素养。其中她特别强调，参加活动时，客户在台上讲话，下面绝对不能看手机。那次活动整整持续一天，米晓春也始终坚持微笑看着舞台，适时为演讲嘉宾鼓掌，在嘉宾座位上时从未掏出过手机，只是在茶歇时才查看手机信息。

空中客车所面临的客户通常都是国航、东航、南航这样的大公司，因此，米晓春在参加活动的时候，从来都是以代表公司的姿态，对客户表示充分尊重，这一点也表现在不看手机这样细微的地方。

其实这就是职业素养的一种体现。在信息化时代的今天，能够做到这点确实不是一件容易的事情。也许有人会说："她是领导当然可以，可我做不到啊。领导让我随时听令，随时回话。"其实，所谓职业素养包含职业道德、职业意识、职业行为习惯以及职业技能四个基本方面，简单来说，就是一个人、一个团队的标志。你自己的品牌是要自己建立的，如果不能摆脱领导的影响，那就争取成为领导那样有影响的人。

下面，我们就一起来简单了解一下品牌公关从业者需具备的三种职业素养。

对领导意图的理解力

讲到品牌公关人的职业素养，还是要从领导谈起。对一个品牌有最大建设力和破坏力的人是公司的CEO，同样，对你职业发展影响最大的也是CEO，或者你的领导，所以**对领导意图的理解力，永远是排在第一位的。**

对领导意图的理解，不是揣摩领导喜欢谁，喜欢吃什么，而是通过这么几个问题，来决定你要采取的行动。

1. 他靠什么做到今天的位置？

领导之所以成为领导，必有其过人之处。从领导的出身、背景，往往可以看出他的风格，他的内心所属。

比如我以前遇到过一位CEO，工厂管理人员出身，对产品和制造特别精通，跟他去考察潜在的合作企业，一般领导都是在会议室听汇报，他却喜欢一头扎进车间，甚至会趴到地上看汽车底盘的构造。对这样的领导，你就要尊重他对技术的执着，他不喜欢说大话，你就让和他有关的对外传播尽量务实。

2. 他为什么在这个时候做出这样的决定?

在跟领导打交道时，一定要思虑在先、行动在后。

在我的工作经历中，曾遇到过几次这样的状况：我们做公关活动，新闻稿都写好了，活动也已经结束，但领导要求我们暂时不要将新闻稿发出。部下会和我抱怨：活动都已经结束，媒体急着要稿子呢，领导怎么还不让发？我说咱们不要只考虑自己的问题，媒体固然很重要，但是这个活动，领导曾经和一位政府高官沟通过，他希望能够先亲自和这位高官打招呼，不能让他先从媒体上得到这件事的消息，这对公司业务的长期发展十分重要。

要知道领导为什么会在这个时候做这样的决定，你就要全面了解事情的背景。所以做品牌公关，培养和领导之间的信任感特别重要。其次是要学会从领导、从公司的长远发展以及现实利益的角度思考问题，而不是仅从品牌公关的角度出发。

3. 影响他做决定的有哪些人和要素?

最能影响领导的人是谁？当然是他的领导，所以做好下属，尤其是做好品牌公关，一定要争取从领导的角度考虑问题。比如你是一个政府部门媒体总编辑，在做新闻宣传时，就绝对不能只想着宣传部门领导，更要从总书记和中央领导的角度想你的宣传策略和报道主题。

同样，如果你的领导是公关总监，要考虑总监的领导，也许就是公司的CEO在想什么，要从领导对内对外的讲话中，了解他所在意的重点是什么，寻找他的传播主题，然后跟着这个线索去想事情、做事情，结果基本不会出现太大的偏差。

对重要问题的敏感度

重要的问题包括但不限于：政治问题、法律问题、产品问题、竞争对手以及领导的习惯问题，等等。

举个例子，一家德国汽车公司的全球CEO在上海车展上对数百名媒体和客户演讲，PPT是德国总部准备的。中国品牌公司团队在最后审查PPT时，发现有一张国家领导人踢球的照片，虽然那个足球活动是这家公司参与组织的，该领导人在德国访问的时候参加了并很喜欢这个活动，但是在商业活动中使用这张图片，毕竟不合适，中国品牌公关团队果断拿掉了这张照片，因为时间原因没来得及与公司全球CEO沟通，CEO讲话时才发现缺少了这张照片，大发雷霆。但是品牌公关负责人和中国区CEO非常专业地坚持这样做是对的，在中国必须遵守这里的规则。

再举个简单的例子，我的一个在互联网大公司工作的同行，在参加政府组织的行业圆桌座谈会时，提前到场后发现办会方将自己公司CEO和竞争对手CEO的位置安排在了一起，对此，他立刻跟政府的人协商，将座位进行了调整。

类似这样的事情，在品牌公关工作中非常常见，虽然对很多人来说，这些事也许并不值得一提，甚至有些小题大做，但是对品牌公关来说，这些**我们平时不注意的小事，极有可能就是大事**。

建立自己独特的人际交往风格

前面我们讲到空中客车的副总裁米晓春，她的个人标签是专业，不仅在公关业务上专业，在待人接物上也非常专业，参加公开活动的时候不看手机即是一例。

当然，有一些独特的交往风格是需要自己建立的。

我在管媒体关系的时候，有一个习惯就是对记者较为重视的报道进行评论，比如一篇关于行业见解的深度文章，一个名人专访，我都会给记者发一个微信，以前是短信，告诉他报道很棒，特别有深度，然后也提出一两个遗憾，比如：这个名人，你要是多写一些他创业失败时期的经历就好了。然后记者会回复，说本来写了，名人自己要求一定要删掉，他特别不愿意提那段经历。这样一来一往，我和记者之间的关系变得更加紧密。也正是因为我对新闻、对行业的见解，记者有时候还会专门来向我请教，慢慢地，我建立了以专业性为主的人际交往风格。

做品牌公关，为人正直、做事靠谱、约会不迟到、在活动中主动介绍客人之间认识……这些都是基本的职业习惯、职业素养。互联网时代的品牌公关人，有时会面露杀气，在竞争面前毫不退缩，这也是一种风格。

总之，一个人真正的职场魅力，往往就是通过其工作过程中的言行来具体体现的。培养良好的职业素养，不仅仅是对工作、对公司负责，也是提高自身职场竞争力的关键。

第二章 / 品牌规划：为品牌的长期发展选定方向、扫清障碍

品牌这个概念，有时候很大，有时候很小。大到一个你需要在考试中背下来的概念，小到一个人就是一个品牌。品牌有什么作用呢？通俗来讲就是让人记住你、喜欢你，有好的机会时会想起你。对于消费者而言，品牌能够帮其简化决策过程、降低选择风险并且提供身份识别；对于企业而言，品牌能够帮助其提供溢价、聚集资源以及进行风险保护。因此，建立品牌，为企业做好品牌规划，是非常重要的一课。

零基础品牌：围绕差异点展开

缺少品牌战略规划是当前大多数中国企业存在的一个普遍现象，正是由于没有明确具体的方向，这些品牌在传播与推广的过程中往往不知所措，充满随意性，很难达到理想效果。因此，在企业品牌的发展过程中，品牌战略规划必不可少。

那么，没有品牌基础的企业又该如何进行品牌规划呢？我们举个例子，如果你的孩子长相平平、缺少特点、学习一般，你怎么样才能让老师记住他、喜欢他？方法就是：找到孩子与众不同的地方，然后将其展示给大家，同时还要注意不能让这种与众不同的形象遭到破坏。

这种方法正好和品牌规划的三个主要部分相契合：品牌定位、品牌传播和品牌管理。没有品牌基础的企业要想开展品牌规划，也要从这三个方面入手。

品牌定位

所谓品牌定位就是找到你与竞争对手的差异点。商业战场，要想在激烈的市场竞争中脱颖而出，就一定要给客户一个选择你的理由。

品牌定位有三个基本要点，分别是：以外部为出发点（用户需求、用户痛点、竞争对手），差异化为方法（你如何与众不同），品类为标准（在提到那一类产品时目标客户首先会想到你）。

比如你被任命为一个连锁商务酒店的品牌经理，该酒店主要为仅有过夜、上网等简单需求的商务人士提供服务，价格为99—399元。外部出发点是什么？就是其目标人群的需求——他们通常由于差旅费有限而没有办法选择豪华星级酒店，对于这些住宿条件并不十分高档的快捷酒店却可以承受。

根据市场调查，你发现对于这些用户而言，交通便捷、网速快、房间干净是其最根本的要求，再看竞争对手，他们在提供稳定的网速，占据更便利的地点，提供更好的服务，那么你又该如何做到与众不同？如何聚焦猛攻一个点，击中用户的需求，让竞争对手不舒服呢？

汉庭酒店提出的品牌定位是“爱干净，住汉庭”，既然汉庭是从“爱干净”入手，那么你就需要考虑其他定位。比如亚朵酒店，它的定位是“文艺范儿的商务酒店”，从大堂简约舒适的书吧，到房间里悬挂的草根摄影师拍摄的酒店所在城市的摄影作品，吸引着在低价舒适基础上希望有些品位的用户。

站在外部视角，用差异化定位的例子还有很多。比如神州专车，它是在线约车品类中第一个打出“安全”概念的企业，其指出竞争对手使用社会司机存在一定安全隐患，而神州专车的司机都是公司的专业司机，把“安全的网约车”这一概念植入用户的心智。

品牌传播

品牌规划的第二个问题是品牌传播。在确定了你在哪些方面与众不同之后，需要告诉人家你如何与众不同。品牌传播有三种方法。

1. 广告 广告就是花钱购买媒体的位置、时段，自己说自己好。比如你正在看某个综艺节目，节目高潮阶段，突然插进来一段“本节目由某某品牌特别赞助，某某产品营养好，价值高……”这是广告。

2. 公关 公关就是用不直接购买或者不花钱的方式，让别人说自己好。比如中国财经新闻网报道：“某某金融产品交易额突破50亿元。”《财经》杂志报道：“排队4小时的喜茶进驻北京，它会成为下一个星巴克吗？”《人民日报》刊登文章《ofo小黄车骑行闯世界》……这些都是公关。

3. 内容营销 内容营销就是提供令消费者信服的观点，让别人主动来买你的产品。

著名新媒体网红胡辛束在公号“胡辛束”上发文：“如果男友送你二手礼物，你会生气吗？”她提出的观点是：“‘二手’的定义早已更新换代，它不再是退而求其次，而是花更少的钱，过更好的生活。”文章底部介绍了一个叫作“转转”的C2C（个人到个人）二手闲置物品交易平台，还做抽奖活动，送胡辛束和转转联合推出的手册《22岁消费学》，里面讲的都是“捡钱”哲学，“非常适合想要学习‘如何正确花钱’的你”。

这是内容营销。在众多的关于内容营销的定义中，我觉得胡辛束概括得最好，她说：“内容营销，就是你做好一件事，客户主动来找你”。

那么，什么样的新品牌适合什么样的传播方式呢？考虑以下三个问题：

1. 创始人的个性

如果创始人是高调的，自带传播的，比如罗永浩，那自然是用公关；如果创始人为人较为低调，用内容营销比较适合。“喜茶”的创始人聂云宸——一个 21 岁便开始创业的年轻人。别人认为现在品牌就要有趣、好玩，但聂云宸表示自己本身是一个无趣的人，因此对喜茶品牌理念的定位是“酷、灵感、禅意、设计”，十分适合做内容营销。

2. 用户的个性

一百个读者眼中有一百个哈姆雷特，品牌所面对的用户群体个性不同，其所适合的传播方式也不相同，因此品牌一定要懂得根据自身特点设定品牌传播的方式。

3. 主要产品的话题性

如果细心观察不难发现，市场上像二手车、共享单车这样大量投入宣传资金的品牌，大多都是在积累了一定口碑之后才大量进行广告宣传的。事实上，广告宣传的主要目的就是为了维护品牌，从而建立更大的用户基础。没有任何用户基础和口碑积累的产品，不能单纯依靠大量的广告投入建立品牌。

对于新品牌，特别是互联网品牌来说，广告更多是为了迅速做大流量，在行业发展的狭小的窗口期获得资本和用户，从而在残酷的市场竞争中脱颖而出。

品牌管理

品牌管理的目的就是为了让品牌与众不同的形象免遭破坏。对成熟品牌来说，品牌管理有团队、架构等问题；对没有品牌基础的企业来说，重要的是免遭山寨，这是品牌问题，也是生存问题。

喜茶在广东刚刚兴起时，最大的敌人便是“山寨”。当时他们还叫皇茶，在深圳开第一家店以后，市场上就出现了100多家皇茶，创始人聂云宸家楼下就有一家。以肉松、牛肉松小贝为主打产品的网红店“鲍师傅”也面临着同样的困扰，市场上充斥着大大小小的“金典鲍师傅”“金牌鲍师傅”，令原创“鲍师傅”又愤怒又无奈。

那么，企业要如何保护品牌呢？保护品牌的核心策略是：严守品牌“原动力”。品牌核心的东西，很难被人模仿。另一方面，还要建立全面的品牌运营配称，以及让对手难以复制的整体系统。同时，也要学会做好商标注册和商标保护工作。

同样以喜茶为例，凭借着对自身品牌以及产品理念的坚持，喜茶最终战胜了山寨品牌，赢得了市场。在创业的前半年里，喜茶扎根于广东江门这个只有十几万人口的小城中，认真研发产品，充分试错，建立了从产品设计、供应链管理、价格到用户体验、服务、店面设计、品牌传播等各个方面的综合能力，他们那种“酷酷的，设计感十足”的调性，持续产出的创意，山寨版很难持续模仿；在商标保护上，由于种种原因，最初的“皇茶”并不能注册，所以他们花几十万元买了“喜茶”这个商标。在好名字基本已经被抢先注册的今天，买商标也不失为一个好方法。

总之，对于没有品牌基础的企业而言，做品牌规划需要考虑品牌定位、品牌传播以及品牌管理三个主要方面。如果你是一个创业公司的市场总监，或者加入了一家产品不错但缺少品牌认知的企业，可以根据这些要点提供的线索，开启你的品牌之旅。

成熟品牌：
品牌的延续与提升

前文我们讲了在没有品牌基础的企业如何做品牌规划，但是通常情况下，多数从事品牌公关行业的人都是处于这样的工作环境中：为一个拥有一定知名度和美誉度的品牌服务。无论是在世界500强的跨国公司，还是在中国迅速崛起的大型国企和民营企业，或者是互联网行业的后起之秀，甚至只是在一个并非名闻天下，却在一个行业、一个地区小有名气的企业做品牌公关，我们都会面临这样一个问题：如何用品牌公关继续提升一个比较成熟的品牌？

品牌比较成熟的企业进行品牌提升，我们需要考虑下面这几个问题：

品牌需要延续还是重塑

既然品牌已经拥有了一定基础，那么接下来品牌到底是应该继续沿袭之前的定位，还是对品牌战略进行重新调整？虽然品牌是长期形成的用户认知，但是在日新月异的互联网时代，有时需要我们坚守，有时为了业务的发展，也需要我们改变现有的认知。

比如你在中国中车——一家主营轨道交通装备的企业工作，近几年，该企业一直致力于中国技术在全球市场的推广。在全球市场中，中车所占据的市场份额达 30%，但是如果除去中国市场，其份额仅为 6%。所以，全球化是中车的业务战略和品牌战略，品牌公关坚守这个方向继续做下去是没有问题的。

当前包括阿里巴巴、百度、通用电气等在内的多数企业都正面临转型的问题。之前一直强调“为发烧而生”的小米，现在也已经由最初的高性价比手机，开始转向生态的打造和完善。企业业务转型，品牌公关也要随之发生转变。

对于品牌的延续，我们可以直接进入第二个步骤——传播。而对于品牌的重塑，还需要做这样几件事：

1. 保证品牌战略和业务战略一致 所谓的品牌战略绝非只是一个简单的口号，企业的业务战略一定要和其保持一致。

比如我们之前提到的汉庭的品牌定位是“爱干净，住汉庭”，那么汉庭的业务战略、运营配称，都应该紧紧围绕“干净”这个主题来进行。

2. 品牌重塑从内部文化重塑开始 要想做好品牌重塑，一定要先从内部员工开始，要让员工真正理解转型的意义。这个做不好，品牌转型根本无法成功。

3. 保证品牌重塑的方向具有充分差异化 前面我们谈到品牌规划的第一步就是要做好品牌定位，找好差异化。品牌重塑也是同样，如果开始定位不清楚，差异化不明显，那么后面的传播会很难。

怎样围绕战略核心做传播

成熟品牌的传播同样有广告、公关、内容营销三种方法，只是相比初创品牌，成熟品牌的传播需要想得更深更远，能适应竞争环境。

1. 广告：迅速强化品牌独特主张

广告最主要的目的就是在最短的时间内，让用户了解你，并记住你。因此，企业在利用广告对品牌进行传播时，一定要注意使品牌的独特主张得到迅速强化。

2. 公关：用更大平台，在更高的角度传播品牌核心信息

对于成熟品牌而言，要想能够得到进一步传播，借用更大的平台，站在更高的角度是非常有必要的。阿里巴巴的马云会在贵州的数字博览会上讲大数据的未来；百度的李彦宏和前任总裁陆奇会在行业论坛上讲百度在人工智能领域的重点突破……

3. 内容营销：做好自媒体+跨界营销

自己夸奖自己，总是不如别人夸得好。因此，在做内容营销时，企业可以采用与自媒体以及一些具有影响力的新媒体大号合作的方式——通常，内容营销是它们获取用户和流量的主要方式。此外，还可以考虑更多的跨界合作。特别是对于工业品牌、B2B品牌而言，产品本身很难产生持续话题，因此需要做一些与现实话题相关的内容营销来提升品牌。

西门子公司与《中国新闻周刊》下面的"有意思TV"合作，征集地铁故事，做成视频，在网上播放：有北漂编剧每天在地铁上构思剧本，摄影师拍摄"表情地铁"众生百态照片，也有西门子地铁信号工程师背着十几公斤重的设备检查信号安全等。

如何检验传播效果

事实上，检验传播效果是所有企业在进行品牌规划时都需要考虑的事情。而我特意将其放在这里来讲，是因为相对于初创企业而言，成熟企业掉头转向更困难。目标大了，其面对的竞争自然会更强，传播所需要的精力和金钱也要更多。

品牌公关的传播基本上不以直接的销售转化效果为衡量依据，可以使用的标准包括：

1. 用户多维度的反馈　如媒体点击数、阅读量、互动率，线下活动的重要客户的反馈，社会关注度是否上升，以及百度指数是否提高，等等。

2. 领导对传播的满意度　现在有人专门投放领导关注的微信号、新闻频道等，这种做法显然有些夸张，但是影响领导的朋友圈这个思路是正确的。

3. 销售转化率　主要表现在可以统计的购买意向、App（应用程序）下载量等，一般需要跟营销工具结合。

单一品牌和多品牌企业的品牌管理之道

如果你经营的是餐饮企业，开了一家炸酱面馆，创业初期你需要考虑的问题相对简单得多：选好店面，起个店名，将面做好……然而，随着时间的发展，你的店已经小有名气，经营到一定程度时你决定对业务进行扩张，想要增加卖烤鸭的业务。但是之前的店名在顾客眼中已经成为炸酱面的代表，做烤鸭需要有个新品牌，这时你就面临一个新的难题：管理单一品牌和多品牌企业。这也正是我们这节所要讨论的主题。

品牌架构的分类

在企业的品牌架构中，通常存在这样三种情况：

1. 单一品牌 就好像上述案例中，创业初期你所做的炸酱面就是一个单一品牌。大企业如西门子、中信、海航等，这些企业的主体业务都是跟集团一个名字。

2. 多品牌中有一个主导品牌 比如可口可乐公司，旗下有可口可乐、雪碧、美汁源、冰露等多个品牌，其中可口可乐是主导品牌，与公司名字一致。

3. 多品牌中没有主导品牌 最典型的有宝洁、联合利华、中粮、华润等，这些公司旗下同样包含多个品牌，比如长城葡萄酒、五谷道场方便面，都隶属中粮集团，但它们并没有主导品牌。

事实上，不管是单一品牌还是多品牌，在管理上都有两种选择：集约化管理和分散式管理。

通常情况下，集团品牌的历史地位和价值比较高的企业，以及B2B企业更适合品牌集约化管理。比如通用电气、西门子这些公司的扩大都来自与公司名字相同的产品。对B2B企业来说，因为企业客户很看重公司的整体实力，因此在推出新业务时使用集团品牌背书，可以有效降低品牌传播的成本。而适合品牌分散管理的企业，则主要是需要强化品类管理的企业，以及B2C（商对客模式）企业。比如可口可乐、宝洁、联合利华、欧莱雅等，在这些企业中，产品品牌的重要性高，预算、人员、资源也都向产品品牌倾斜，集团品牌往往需要借助产品品牌的资源。

单一品牌的管理

上面我们从企业的角度了解了品牌管理的方式，接下来我们就一起来具体了解一下单一品牌应该如何进行管理。作为一名单一品牌企业的品牌公关负责人，需要做以下几个方面的工作：

1. 以业务主题传播提升企业品牌

单一品牌企业，应根据用户需求和社会发展需求制定业务战略和传播战略。

比如GE提出的“工业互联网”，IBM（国际商业机器公司）的“认知商业”，小米倡导的“提高企业效率”“将高性价比进行到底”，这些都是单一品牌企业为提升企业形象做的传播。

2. 以声誉主题传播提升企业品牌

单一品牌在雇主品牌传播、企业社会责任以及危机管理方面承担主要责任。而所谓**雇主品牌就是指让员工热爱企业，让人产生来企业工作的欲望**。在危机管理上，因为所有产品使用的都是集团的品牌，因此风险无法切割，无论哪一个产品出了问题，集团都要承担极大的责任。

3. 价值观和文化传播

对于单一品牌企业而言，价值观往往更加简单统一，在人力资源评估标准、财务管理等方面也都更加集中化。而无论企业是建立品牌，还是转型期重塑品牌，都需要以价值观和企业文化为基础。

我在GE工作时，每一次公司面临业务转型，公司CEO都会强调，其最依赖的就是人力资源和品牌公关部的同事，因为他认为一切变革都是从文化变革，从人力资源评判标准变革开始的。在这个过程中，文化传播特别重要，品牌公关部门特别重要。

需要强调的是，从长期发展来说，单一品牌越来越不适应市场发展。特别是对于B2C企业而言，在品牌延伸方面应特别谨慎。比如，尽管乐视出现的问题基本上不是品牌层面的，但是其所有业务都用一个品牌，乐视网、乐视影业、乐视体育、乐视汽车，这样做固然有利有弊，但长期来说，可能弊大于利。反之小米正在打造的生态链，其投资不控股的70多家企业，有的有“米”字，比如紫米、云米、青米、智米……有的没有“米”字，比如1 More、最生活……事实上，从某种程度而言，这是一种品牌策略和品牌保护战略。将来，越来越多的企业会采用这种多品牌结构。

多品牌管理

接下来，我们再来简单了解一下多品牌企业管理品牌的几个重点工作。

1. 集团品牌和子品牌明确分工

集团负责CEO形象管理、投资战略信息传播、政府关系、广告投放采购优化、官方综合类媒体关系；子品牌负责产品信息传播、行业协会、行业媒体等。

上汽通用汽车有限公司（简称“上汽通用”）下面有凯迪拉克、别克、雪佛兰等多个品牌，他们的媒体投放采用的是集中管理的方式，品牌公关的媒体资源也相对集中，当然这是因为他们的子品牌都是汽车。除此之外，还有一些业务多元化的多品牌企业，比如美国联合技术公司，旗下有飞机发动机、直升机、电梯、空调、安防设备等产业，他们必须做好集团品牌和产品品牌的分工，集团负责大型投资项目、政府关系、官方媒体关系等，产品的传播则留给产品品牌去做。

另一方面，在危机管理方面集团品牌和产品品牌也各有分工，必须确定何时采取风险切割，何时上升到集团品牌层面。举两个例子：

2016 年兰蔻在香港邀请主张“港独”的艺人参加演唱会，被《环球时报》曝光后，引起网民愤怒，兰蔻全球总部及时处理，发了道歉信，危机迅速化解，没有上升到集团品牌欧莱雅。而 2015 年肯德基“速生鸡”“六个翅膀”事件，经过不断发酵，争议不断，最后由肯德基的母公司——百盛公司的中国区董事长发了一封很长很深刻的道歉信，才将这一危机化解。

2. 多品牌共性主题合作

所谓多品牌共性主题合作，就是指将多品牌的共同主题整合在一起，各个品牌全部参加，形成对集团品牌和产品品牌都有利的企业声誉管理战略。

比如上汽通用做的“绿动未来”汽车环保项目，欧莱雅公司帮助农村女性的企业社会责任项目，联合利华的可持续行动计划“小行动，大不同”……都是采取的这样跨业务的合作模式。

3. 集团品牌为产品品牌提供人才发展和高端资源服务

与单一品牌相比，多品牌的集团品牌部门一般会比较弱势，公司往往会更重视与销售更贴近的产品品牌。正是因为集团品牌不过于“急功近利”，所以其战略性资源比较多。同时，集团品牌可以在公关培训、不同品牌部门轮换方面提供所谓的“高端资源”，比如在政府和央媒关系等方面为产品品牌提供帮助。另一方面，集团也经常需要借产品品牌的广告资源，来维护重要的媒体关系。

总之，单一品牌和多品牌的管理是一个巨大的话题。可以说，还没有哪个企业真正彻底解决了这个问题，每一种选择都有利弊，在企业变革的速度不断加快的今天，品牌管理作为一个重要的话题也处于不断的探索之中。

品牌国际化的五大核心问题

未来10年是中国品牌走向全球的时代，2016年中国企业在海外的投资已经接近2000亿美元，比上一年增加了50%，2017年虽然因全球市场的不确定性有所下降，但总体还会持续增长。在中国企业全球化的进程中，建立真正的全球品牌，还需要更多的创新和探索。参考其他跨国公司近30年来的全球化经验，一个国家或地区品牌做全球化升级，需要考虑以下几方面的问题：

建立全球统一价值观还是各地价值观

价值观是品牌的基础。因此，建立全球统一的价值观，是企业品牌全球化升级必须面对，也是必须解决的问题。这个问题听起来简单，事实上并不容易。曾经有一位中国著名企业的负责人在国内公开表示：我们企业鼓励奉献精神，那些不愿意加班的人，就是反对我们的价值观。但这样的价值观在许多国家是不被认可的。

我2002年加入GE的时候，公司刚刚做出了一个重要决定，就是建立全球统一的价值观。这是在管理层和员工讨论、争论很久以后决定的。

说起GE，其历史可以追溯到1878年，是由伟大的发明家爱迪生一手创办的，是个非常典型的美国企业。从美国走向全球，一个非常严峻的问题摆在了GE眼前：原来可以激励美国人的价值观，在其他地方是否行得通？GE决定采用全球统一的价值观，延续了“想象力和勇气”这样来自爱迪生时代的DNA（基因），也加上了“包容”这样适应全球业务的价值观要素。后来证明，这个全球价值观是可行的、有效的。

品牌集中管理还是地区分散管理

这是全球化公司普遍的纠结，即使你明白其中的道理，在人员、预算、主题管理上，也有很多具体问题不好解决。对这个问题，我们可以这样考虑：

1. 品牌的基本内涵、标识等，应该由全球统一管理

可以允许各地在主要标识，比如公司logo（徽标）下面加上各地的文字，就像肯德基、麦当劳logo下面都有中文。但并不是所有公司都采取了这样的做法，比如耐克，其标识旁便没有“耐克”这两个汉字。

2. 全球主题，本土实施

全球化公司的优势是大格局、大影响。比如GE公司提出的“绿色创想”“健康创想”业务战略，海航集团帮助白内障患者的“光明

行”，可口可乐公司的“520计划”——承诺在2020年前为全球500万名妇女提供学习和发展的机会……这些都是在全球有重大影响的品牌公关行动，都是设置全球主题，各个市场根据本地情况实施。

3. 本土主题，本土实施

全球主题推广的机会并不是很多，大量的品牌公关项目都是由本土市场根据品牌调性和业务战略制订的。

华为在英国与政府合作设立“华为网络安全评估中心”，与当地媒体沟通，承担企业社会责任。早在2012年，有广泛影响的《经济学人》杂志就曾发表文章《是谁在害怕华为？》，指出禁止华为参与英国市场竞争是不明智的。GE公司在沙特阿拉伯与政府合作，提高女性就业率，建立全部由女性员工组成的服务呼叫中心，这样女性就可以避免因戴面纱与男性共事的不方便。

不同市场的利益冲突如何管理

跨国公司将制造基地设置在哪个国家，一直是全球化的大问题。大部分跨国公司都面临着这样的难题——在一个国家开了厂，另一个国家就不满意。全球产业链布局是全球公司必须考虑的问题，在越南建厂，肯定要减少在中国的生产能力，你不可能在每个国家都建工厂。我在跨国公司的时候，每次公司要在中国投资建厂，都要回答美国媒体关于是不是抢了美国工作机会的质疑。

事实上，在国内投资同样也面临这样的问题，可能几个省同时都希望你去他们那里创办工厂，但是你只能选择一个。解决这个问题的方法就是，光明正大地去做，不要遮遮掩掩。只是在传播中，要注意强调“服务本土市场”，尽量减轻“把业务从A国搬到B国”“对A国失去信心”这样的负面评价。

强化国别属性还是企业属性

这同样是一个需要思考的问题：将来中国企业走出去，要强调我们是中国企业，还是强调企业本身？我们听到的更多声音是，应该突出企业属性，淡化中国属性。事实上，大多数跨国公司在中国，都是哪个有利用哪个。比如说中美关系出现矛盾的时候，很多美国公司会强调：“我们是全球公司！”中国从美国下采购大单的时候，那些公司又会说：“我们坚定促进美中合作，加强两国人民之间的友谊。”

品牌公关全球人才和本土人才如何配置

从中国品牌到全球品牌，在人员使用上应该使用哪国人？是用中国人，还是美国人、英国人、日本人？虽然人才是全球化的，但不可否认，当前印度人任全球500强企业高管的越来越多，中国人却寥寥无几。中国人想要做到全球化，需要克服哪些文化障碍？

从前，许多人认为中国人要走出国门，就要学好外语。但是对于品牌公关而言，要想实现真正的全球化，光学好英语是远远不够的。

我们还必须要理解中国和其他国家不同的基本价值观，跨越文化差异的鸿沟。同时，不断开发自己的潜能，建立全球化意识，提高自身在全球范围内的竞争力。

现在越来越多的中国籍品牌公关高管，在跨国公司中国总部管理全球团队，在各地用本地人也是通行做法。未来中国籍品牌公关人走出国门、成为全球人才的机会越来越多，这无疑是一件非常鼓舞人心的事情。

第三章 公关资源管理：无资源，不公关

公共资源管理关系企业发展进度，是品牌公关部门的重点工作之一。在这个“酒香也怕巷子深”的时代，必须通过各种渠道去营造并传播良好的信誉。

品牌公关的重点影响人群

确定影响人群是品牌传播工作的重点领域之一。企业品牌公关做工作计划，乙方为甲方做提案，第一页都要写上目标和影响人群，这一页非常重要。一个好的计划，需要有明确具体的目标以及其所面向的人群，不能过于抽象。很多传播计划中将影响人群列为“高端人士”和“企业决策人”，都过于笼统，目标与影响群体越具体，后面的工作计划写起来越容易。

我们在确定品牌公关的影响群体时，要注意这样几个问题。

要影响谁

这个问题并不难，卖天然气发电设备，要影响的是政府部门中天然气价格的决策者；卖婴儿奶粉，要影响的是孩子的母亲；卖锤子手机，要影响的是罗永浩个人的粉丝、锤子的“发烧友”，还有忠粉们的圈层。

通过谁去明显影响谁

这个有时候明显，有时候则不十分突出。比如你觉得卖婴儿奶粉要影响孩子妈妈，但如果是一个在三、四线城市和农村地区销售的婴儿奶粉品牌，那里的父母很多在外打工，孩子大多都是爷爷奶奶在带，那么你需要影响的就是爷爷奶奶这个群体。

通过谁去潜在影响谁

这是品牌公关最大的难题，在实际工作中，我们经常会面临这样的挑战：我们发一个新闻稿，领导表示他想影响的是省长，那么省长能看到我们的稿子吗？做产品活动，被领导批评："我要影响可能购买豪华车的人，你找来这么多时尚媒体做什么？"这其实就是通过谁潜在去影响谁的问题。

消费者的决策过程现在很难用简单的"看到了广告""看到了产品的新闻"来描述。品牌公关一般不直接促成销售，而是通过建立声誉，培养消费者对品牌的好感，逐渐促成销售转化。特别是对B2B企业、高客单价的产品而言，比如飞机、大型机床、医疗设备、百万级的咨询项目等，客户的决策由他的工作圈和朋友圈、政治因素、之前的使用体验、品牌以及价格等多种因素所构成的一个复杂生态圈所决定（见图3–1）。所以在确定影响哪些人的时候，可以是不同项目影响不同的群体。

总体来说，品牌公关要影响的基本人群包括：政府、媒体、行业意见领袖、企业客户、潜在客户、公众、非政府组织以及其他人群。通常情况下，企业在不同发展阶段、不同行业、不同地域所需要影响的人群也是有所区别的。

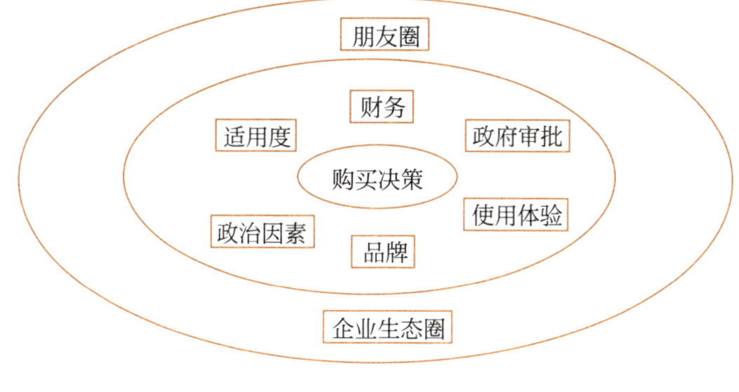

图 3–1 影响客户决策的复杂生态圈

企业在不同发展阶段影响的人群不同

在企业发展早期，一般是通过政府审批获得初始用户，到了发展和成熟期，影响的群体就会有所变化。

比如上汽通用的建立。1997 年上汽集团和通用汽车最主要的工作就是影响政府。当时福特汽车也想与上汽集团合作，结果通用汽车打出了漂亮的公关牌，对中国做出了把最好的技术带到中国，建立汽车设计合资企业等五项承诺。在桑塔纳还占据中国主要市场的当时，通用汽车的这些承诺一下子获得了政府的高度认可，对促成与上汽合作的政府批准起到了关键作用。而现在，汽车合资的布局基本完成，对上汽和通用，包括合资企业上汽通用而言，最重要的是卖车，政府依然重要，但已经不再是需要影响的关键群体。

再来看消费品，小米手机最初的用户是粉丝和发烧友，现在小米手机的用户更广，小米和小米生态企业的产品涵盖充电宝、电源插座、路由器、空气净化器、电饭煲甚至毛巾，它的品牌公关也不再是仅仅针对它的“发烧友”，而是有品位、期待最好产品和最好性价比的人群。

企业在业务和产品变化时影响的行业人群不同

互联网时代，企业在转型中，会重组业务，并发现新的需求。比如IBM在转型做“认知商业”，就是商业人工智能，它要影响的产业分布更广，因此它需要制订针对医疗健康行业、金融产业的品牌公关策略，因为这些行业需要的“认知商业”的解决方案是不一样的。

企业在不同地域开展业务时影响的人群不同

所处地域不同，品牌公关所需要面对和影响的人群也是有所区别的。

福耀玻璃在美国建了全美最大的汽车玻璃厂，一般来说该公司的品牌公关团队主要影响汽车厂商就可以了，但是在美国办厂，工会的作用特别重要。因此在美国，在汽车、航空这些行业，做好工会传播是品牌公关的重要目标。

品牌公关的主要任务之一是传播，而做好传播，确定要影响的人群是最基本的。这里的传播一定是指大众传播，针对一个群体而不是个人的传播。**做大众传播，最有效的方式就是利用媒体**。因此，品牌公关影响不同人群的主要方式是媒体。过去是有限的传统媒体，现在是包括传统媒体和新媒体在内的所有针对大众传播的媒体。确定了影响人群后，选择媒体、制订具体策略就容易多了。

保持与记者的良好关系

既然公关的目的就是让别人说你的好话，我们就要思考：别人为什么要说你的好话，怎么才能让他在想说你好话的时候，感到有东西可说，而且说的还是你想让他说的。这些都离不开媒体关系。

建立良好的媒体关系，我们需要从几个层面了解媒体的需求。打个比方，就像做销售要知道用户需要什么，然后再根据需要采用不同的方法来满足用户的需求。媒体的需求无非是三个：获得重要新闻的报道机会；编辑、记者的个人职业发展；广告和商业需求。而企业需要将自己的品牌和产品信息通过媒体传播给目标人群。

综上所述，企业可以在下面这三个领域找到与媒体需求相通的点。

帮助记者获得新闻线索

媒体报道新闻，提供事实和观点，影响舆论。现在公关做媒体关系面临的压力越来越大。比如，几年前京东集团的媒体关系名单才只有 300 人左右，基本是传统媒体，而现在这个名单上的人数翻了 10 倍，大量的行业媒体、自媒体被包括进来。在汽车、互联网、智能硬件等热点行业，一个产品发布会请三五百家媒体完全属于常规作业。另一方面，媒体越多，对优质新闻的竞争就越激烈，谁能给媒体提供有价值的新闻线索，谁就能获得更多报道。

那么，怎样帮助记者获得新闻线索呢？

1. 邀请记者参加重要新闻发布活动

媒体喜欢抢先报道行业领军企业重要产品的发布，比如苹果新产品的上市发布。现在很多产品的发布会都是直播，比如苹果、小米、锤子等手机产品，有的发布会还要收门票，所有信息对公众而言一览无余，那么邀请记者到现场还有效果吗？当然有！记者在现场可以体会真实的气氛、观察观众的反应，从而做出更精彩的报道。

此外，有些企业会对一些重点媒体采用“吃小灶”的方法，在产品正式发布前，提前透露一些信息，提供更多的背景材料给媒体做预热和铺垫，这样在产品发布的时候，重要媒体的报道会比一般观众看到的更有深度。

2. 为记者安排企业高层专访

媒体需要获得有价值的信息和观点。对于行业媒体来说，来自企业特别是行业领军企业的内容特别重要，他们希望自己能够获得某些特权，比如采访CEO。对包括央视在内的传统媒体而言，可以采访到像苹果的库克、特斯拉的马斯克、华为的任正非那样的人物，都是求之不得的事，这对提高媒体的收视率、阅读量和影响力非常有利。

此外，媒体记者还希望认识更多能够提供新闻线索和观点的人。

我早年做过新华社驻伦敦记者，主要负责经济和体育报道。当时我就特别喜欢与一些大银行的经济学家建立联系，比如汇丰银行、美国运通银行的专家小组，遇到重大事件，我就打电话请教他们的看法，然后把他们的话写进报道。

今天我们看到的很多媒体报道，也都是在叙述事实的基础上，引用一些专家的话，这些人脉资源都是平时要积累的。如果你所在的企业，有金融专家、技术专家、大数据专家，都可以把他们介绍给记者，在保证企业信息可控、企业专家了解与媒体打交道的风险时，通过公关的安排建立联系。

3. 邀请记者参观企业的生产和技术开发现场

虽然现在微信、直播等科技手段已经非常发达，但是记者还是要到现场，因为在现场的感觉不一样。

像汽车这样的行业，安排媒体试驾、感受产品，是最重要的公关手段之一，也是做好媒体关系的主要方式之一。带记者去试驾，试驾路线沿途都是特别能体现产品性能的地方，比如越野车在非柏油路面行驶，跑车在盘山道上行驶，轿车在风景优美的湖边行驶——试驾的过程也是与记者深度交流的机会。

不仅是汽车行业的试驾，其他行业的诸如参加展会、工厂参观、海外旅行等活动，都是能够与记者深入交流的机会。我们经常讲营销的情景化，对于产品相对简单、用户难以触及的企业，可以利用制造像“4 小时后逃离北上广”这样的事件做营销，而产品可见可触的企业，就要努力让记者体会那种感觉。

GE 曾经邀请了 20 多位癌症患者到 GE 医疗产品研发中心访问。GE 先进的 CT、磁共振医疗设备诊断出了他们的早期癌症，使他们能够得到及时医治，这次他们来“亲眼见一下那些发明了拯救生命科技的人”。一群互不相识的人，命运把他们连接在一起，他们拥抱、对话、交流，整个过程被现场的媒体报道，还做成了宣传片，这种情景化的传播效果特别好。

当然，不是所有的工厂参观活动都有这样戏剧性的场面，但是让记者亲身感受企业，带他们去生产线、研发中心，让他们看到真正的产品，接触设计和生产产品的人，这样他们才能做好企业报道，与企业建立更密切的情感联系。

帮助记者个人发展

你可能要问:“公关与记者是工作关系，我能帮助他们发展个人职业吗？”当然可以，这也是日常媒体关系的一部分。

1. 帮助记者树立行业地位

领军企业可以帮助记者树立他们在行业的地位。

从早年的家电、IT，到现在的互联网、汽车，媒体推动了行业的发展，记者本身也是发展的受益者，很多记者成为业界令人尊敬的专家。

2016 年年底，乐视租了包机带媒体去美国参加发布会，这是行业推举媒体的一个顶峰。在过去的 20 年里，大型企业帮助媒体树立了行业视野、全球眼光。如今潮涌潮退，很多当年帮助培养了一批行业媒体的企业已经失去光环，但同时新型行业的崛起又塑造着新一代媒体。

帮助记者树立行业地位，首先你应该自己成为这个行业的专家，让自己和企业与媒体一同成长，同时还要努力把记者推举为意见领袖。在很多国际和国内的行业高端论坛上，在业界享有高声誉的顶尖记者有可能成为演讲嘉宾和论坛嘉宾。

2. 帮助记者进行职业转型

与所有的职场人一样，记者也会面临跳槽、转型等问题。当记者在媒体圈内调整工作，换到新的地方以后，一定需要业界的老朋友支持。在这样的过渡期，为他提供好的行业视角、采访机会，你的媒体关系也可以事半功倍。

有的编辑、记者想做一辈子传统新闻，但有的并不一定一直做新闻，媒体人转行已经成为公关界的一个热点话题。很多媒体人，包括我自己都转型成了公关人，自己创业的媒体人也不在少数。对于一边工作一边考虑职业未来的编辑、记者来说，企业公关可以提供资讯、人脉等很多方面的帮助。

虽然他不再做记者了，但你同样应该尽可能地去给予帮助。其实这是公关人积累人脉的机会，你在业界的地位、声誉，很大程度上是由媒体人建立的。这些人即使离开了媒体行业，你的口碑也还在。我曾多次得到已经离职转行的记者的帮助，他们本身的声誉和人脉，也会为你的企业公关带来长期的影响。

合理应对广告和商业需求

媒体对广告和商务合作的需求，让企业的媒体关系变得微妙复杂。需要注意的是，并不是有钱投广告的企业就更容易做好媒体关系。**投广告的好处是可以获得该媒体高层的某种支持和默契，风险是你的广告永远无法覆盖所有媒体。**

与跟广告相关的媒体打交道，要注意以下几个问题：

第一，根据媒体的影响力投放广告，不能根据个人关系投广告；

第二，深度合作比购买软文更有效，合法地利用媒体资源实现企业的总体传播目标，效果远远强于一些不痛不痒的软文；

第三，绝不可在面临被曝负面消息时，直接用广告买平安。

媒体关系中需要注意的问题

1. 能否将记者当朋友？

在我看来，公关和媒体是伙伴关系，有时候可能好过朋友，有时候却不如朋友。朋友的定义是指一个你会对他无原则支持的人。而公关和媒体，二者都不能达到这样的无原则。行业有自律，江湖有规则，尺度需要自己把握。

2. 对媒体应该平等对待还是区别对待?

记者是“无冕之王”，是最不讲级别的。但是记者也生活在现实社会，现实让你必须有所区别，采访CEO不可能安排太多人，发布会座位总有前后排之分。所以，处理媒体关系的原则是：以平等的态度，有理有据地区别对待。

在具体实践中，要结合媒体的特点进行相应安排，比如电视媒体需要好的拍摄位置，自媒体需要快速发稿，官方媒体需要政治正确，行业媒体需要专家视角；在差旅安排上，参照政府的级别待遇，个别德高望重的老记者可以给予优先考虑。

3. 对报道了企业负面新闻的记者，应该更亲近还是更疏远?

首先要明确记者的动机。如果他只是履行自己的职责，特别是为了完成上司交给的任务，就不必特别指责，继续保持关系，显出你的大度，他会更加感激。如果他是为了要广告或者因为其他不道德的理由而报道你的负面新闻，这样的人要疏远。不过，更多的情况是两者混在一起，这时还是需要公关人自己判断。

人与人之间的相处，永远是一个复杂的难题。品牌公关与记者，更多时候相互依赖，因此，也要相互帮助。

切莫忽视传统媒体

不可否认，在新媒体地位逐步突出的今天，传统媒体依然发挥着至关重要的作用，对于品牌公关而言，与传统媒体建立良好关系依然是一项重要的工作。

传统媒体的强大公信力

我们常说新媒体时代打破了权威，人人都可以是权威，但这个说法并不完全正确。虽然新媒体的影响力有目共睹，但是传统媒体特别是官方媒体对一个事件、一个企业发声的影响力同样不可小觑。

我们都知道中信集团下面有中信银行、中信证券、中信出版等子公司，却对中信重工知之甚少。中信重工在一年的时间里上了20多次《新闻联播》，内容包括他们的“一带一路”主题，从核心制造到智能控制技术，从成套设备提供到海外承包工程……企业依靠传统媒体不断提升业界地位。

此外，重量级传统媒体的报道，也很容易在自媒体上被转发。企业如果上了央视《对话》《央视财经评论》等节目或者新华网、人民网等平台，员工们通常都非常乐意转发传播相关内容。

传统媒体的多元分发渠道

互联网时代，很多人会产生这样的感觉：人们都看朋友圈，不看传统媒体。这里面存在两个误解，首先是将传统媒体等同于电视、纸媒这些介质，其次是觉得朋友圈就是领导圈。当前许多传统媒体都设立了新媒体平台，比如说“央视新闻”便是影响最大的微信公众号。此外，政府官员还需要从传统媒体上得到信息和信息中包含的深意，传统媒体信息会直接抵达对企业和行业有重大影响力的政府官员。

我有个朋友在大学教公关战略，他要求学生在上他课的那段时间内每天看《新闻联播》，然后一起讨论里面的内容和含义，同学们都感觉收获很大。

传统媒体的采编综合能力

很多人认为在这个信息透明的时代，人们需要的是观点，而不是事实。这个说法并不正确，事实上越是信息爆炸的时代，我们越需要对事实的深度解读。因此，传统媒体的采编综合能力非常重要。

传统媒体的内容便于搜索

在与缺乏知名度的企业合作时，客户通常会通过网络对该企业进行相应查询。假定两个竞标的公司，搜索结果一个大多都是企业自媒体的报道，而另一个出现的却是央视、《人民日报》等平台的报道，相信客户会倾向于选择声誉较好的后者。

在企业遇到争议的时候，特别是消费类产品与消费者自身相关的时候，人们也通常会通过搜索了解信息。这时候你希望企业的官方声明出现在首位，最好的方法就是让官媒和传统媒体报道或者转载企业声明。

传统媒体是企业危机公关的一层保护网

很多企业希望能够被具有影响力的传统媒体报道，并不是为了推销自己的产品，而是为了给竞争对手看。这里的对手不仅仅是指其他同类产品企业，也包括那些对其不满和怀疑的客户、供应商、政府官员、员工。从某种意义上来讲，传统媒体是企业危机公关的一层保护网。虽然官媒并不是万能的，但是不可否认，这是能够打消人们顾虑、消除质疑的有效方法。

2017 年初一些海外媒体和自媒体质疑海航并购速度过快。2017 年 3 月 17 日，《人民日报》第 16 版发表整版报道《创业 24 年，总资产逾万亿元，在质疑声中跻身世界 500 强——看“海航”如何远航》，这篇近万字的报道是《人民日报》记者在对海航深入考察，采访了从集团领导到新老员工等诸多人员后完成的。海航的成就人们有目共睹，质疑声也时断时续，企业自媒体当然可以宣传自己的成就，但是这样的长篇综合报道，某种程度上如定海神针，比企业自己宣传的效果要好得多。

当然，官媒和政府有自己的原则和流程，并不是所有信息都可以随便报道。既然传统媒体有着如此重要的作用，那么，品牌公关到底应该如何与传统媒体建立良好的关系呢？这里有几个技术性建议：

分享自己的行业见解，为记者提供有价值的内容

媒体关系从来就不是请客吃饭，而是分享见解。段位低的品牌公关人员总是拜访记者却无话可说，几次下来，记者就会躲着你；有经验的品牌公关人员会自己学习消化知识，跟记者谈自己的见解。比如公司做人工智能，做汽车无人驾驶，做创业孵化器，你对行业的了解深度一定要超过记者，跟他谈你们的产品，你们的想法，从而影响记者，让他在报道中提及你们公司。

了解记者所在媒体的近期报道重点

了解记者、媒体的报道重点，是为了找到企业和媒体之间的共同点。比如你跟央视财经频道的记者聊，他可能说，最近要讲“一带一

路”倡议的深化，第一次峰会开完了，要看到更多结果，更多新的思路。别的企业讲过去在“一带一路”倡议的相关国家做工程的经过，那么你可以讲讲你们公司在“一带一路”倡议相关国家的投资，投资商、工程承包商、项目管理方、当地政府、中国政府等方面是如何协调、如何共赢的。这对央视记者有启发，下次做节目他就可能请你们老总出镜。

“吹捧”记者

为了完成一篇好的报道，记者也很不容易，他们也需要被鼓励，需要被认可。对重点记者，你可以关注他们的每一篇报道，传达赞赏的信息。一个好的“吹捧”信息包含：个人赞美、对报道内容的看法、自己和周围人对报道的反馈，以及为下次见面找一个好的理由。比如：

何老师，看到您昨天发的《制造业的困境和机遇》长篇报道，真的太棒了，您对国家制造业发展的见解，采访的深度，真是无人能比，非常佩服，制造业的升级远非互联网企业说的智能化那么简单。我已经把此文转发给我们的CEO和管理层全体领导，CEO说他很受启发，文章中提到的智能化困境正是我们公司下一代产品要解决的。哪天您有空，我叫上CEO向您学习请教。

在新媒体时代，传统媒体在公信力、渠道、人才、搜索和危机管理中的作用是自媒体无法取代的。因此，作为品牌公关人员，一定要在传统媒体关系上做些功课，要对自己的行业有更深刻的见解，对传统媒体的工作重点有更好的了解，然后运用你的情商，与记者建立惺惺相惜的信任关系。

让自媒体大号为你站台

自媒体大号分成两类：传统媒体性质的自媒体大号与个性化、垂直化的自媒体大号。

传统媒体性质的自媒体大号多是由传统媒体人出来运营的具有传统媒体功能的大号，比如“吴晓波频道”“秦朔朋友圈”“商业人物”等；还有一类是人格化、垂直化的自媒体大号，如“咪蒙”、“六神磊磊读金庸”、专门谈绘画的“顾爷”、专写品牌公关的“公关界的007”等。

如何与传统媒体性质的自媒体大号建立良好关系，基本上可以参考本章第二节中所讲的与记者建立良好关系的方法。需要强调的是，受时间和精力的影响，自媒体大号的媒体人不能像在传统媒体供职时那样每天参加很多企业的活动，他们必须有选择地参加最重要的活动、采访最重要的CEO。

所以我们对传统媒体性质的自媒体大号，需要做的是：

为他们提供顶级行业见解

比如他们比较关注的行业白皮书，需要注意的是为他们提供这些信息时，要加上公司以及品牌公关个人的见解和推荐语，不能只是简单地转发。

为他们提供与CEO单独见面的机会

与企业高层的关系，对自媒体非常重要。

一个起初并没有特别大影响力的自媒体，在所有媒体都在试图接近极为低调的华为创始人的时候，写出了《在巴塞罗那偶遇任正非》这样令人羡慕嫉妒的文章。这是因为该自媒体人李瀛寰写过的一篇文章引起了任正非本人的注意，品牌公关基于李瀛寰对华为的了解和任正非对李的信任安排了专访，而且这种“偶遇”的方式，也避免了其他媒体的不满。

接触重要企业高层，是自媒体，特别是行业自媒体核心能力的一部分。品牌公关应该充分理解这种需求并合理满足，以此加强与自媒体大号的关系。

提供合理的商业回报

这是最简单，也是最直接的方式。

个性化、垂直化的自媒体大号通常很少谈到行业见解，他们的特点是围绕自己的用户群，用自己的风格输出自己的价值观，与企业的关系基本就是商业合作。

1. 为自媒体大号提供符合他调性的信息，或者与他共同找到合作的结合点

品牌公关除了提供推广产品的关键信息，还要找到产品与用户，以及产品与自媒体大号用户的关联。

著名的“少女心”公众号“胡辛束”已经为600多个品牌提供了营销服务，这些合作都是基于双方的相互了解、沟通，在思想的碰撞中完成的。

2. 遵守商业合作的规则，摆脱甲方的“惯性强势”

自媒体人以内容为商业产品，内容创造很难规模化，需要耗费大量精力。有些自媒体大号由于工作过于忙碌而忽略商业条款，由此产生了一些误解空间。

“公关界的007”就曾经在广告位很紧的情况下，还专门发文投诉一家公关公司：该公司在“007”已经写好文章的情况下，以文章内容与约定不符、客户不满意为理由，以远低于市场价的800元强行拿走了文章的使用权。这让自媒体“公关界的007”气愤不已，发文声讨。

公关公司在与自媒体交流的过程中，一定要注意合作应遵守商业规则，不能因为自己被多变的甲方客户钳制，就不认真对待自媒体的劳动成果。

巧妙借助 KOL 的影响力

KOL 指的是关键意见领袖（key opinion leader），就是在某一个领域拥有专家地位和广泛影响力的人，他们可以分成以下这几类：

第一类是政策决策者，主要是政府官员和政府在决策时会听取其意见的专家。

第二类是公众意见领袖，比如像吴晓波、罗振宇这样的思想“大V”以及李宇春、鹿晗这样的明星，还有公益组织的领袖等。

第三类是产品的专家使用者，比如先进的医疗设备，让著名医生使用，得到他们对产品的积极看法。

与什么样的行业意见领袖建立关系，主要取决于企业的规模和性质。大型综合企业，需要影响政策决策者，还要影响公众意见领袖和产品的专家使用者；专业化企业最重要的应该是影响产品的专家使用者，其次是政策决策者，特别是在他们制定产业政策的时候，一般与公众意见领袖关系不大；对于初创企业，则与产品的专家使用者和公众意见领袖的关系要大一些。

那么，到底如何与这三类意见领袖建立良好的关系？

政策决策者

1. 建立高层对话渠道

如果是大型企业，企业领导人就经常参与政府对话；如果是全球500强企业，可以考虑参加每年三月举行的中国发展高层论坛，这个论坛级别很高，通常只有全球500强的董事长或者CEO才能参加。

2. 建立专业交流渠道

政府部门并不是无所不能，他们也需要吸收各方面的专业意见。比如国外的化妆品公司就经常与国家质检总局交流国外化妆品质量检测的标准和方式；著名的私募基金凯雷投资集团，会邀请中国金融投资界的专家，到美国与政府监管部门和企业交流私募基金的管理方式以及其在经济发展中的作用……这些都会提升企业在政策决策者心目中的影响力。

3. 帮助政策决策者提升能力

这种方法投入时间长，见效慢，但作为长期战略非常有效，而且通常只有大企业才可以做。比如一些大的跨国公司会与政府部门合作，组织国企高管参加领导力和专业培训。

公众意见领袖

1. 在企业和公众意见领袖共同感兴趣的话题上提供线索

2016年年底罗辑思维在深圳举办的跨年演讲，比很多综艺节目的收视率都高。罗振宇在讲到人工智能的时候，讲IBM用认知商业的算法，在十几分钟内阅读分析了2000万页，相当于4000米楼高的医学档案，帮助日本医院的医生拯救了一个得了绝症的病人。这个故事，IBM自己也讲过，但是远没有罗振宇这样的意见领袖的传播效果好。

2. 关注公众意见领袖关心的领域

央视著名主持人陈伟鸿发起成立了关注留守儿童和青年创业者的“鸿基金”，姚晨支持联合国难民事业……如果你的品牌营销与这些话题相关，就可以与意见领袖挂上钩。我以前在公司，就曾通过公益组织请李冰冰免费参加过企业宣传环保的活动。

3. 与公众意见领袖周围的人建立关系

公众意见领袖通常很忙，这个时候，通过其周围的人来实现曲线救国，不失为一个好方法。

产品的专家使用者

这样的意见领袖身份比较敏感，因此其通常不方便以商业合作的方式为企业做宣传，对于他们来说，保持自己的行业地位远比广告费要重要。因此让他们试用产品也要看产品的特点。

我自己印象最深的一次是，GE医疗开发了一种只有手机大小的超声诊断仪，当时把这个设备给一位国内顶尖的心血管专家试用。这位专家非常喜欢，主动在媒体上讲这种技术对快速诊断的作用，并且还用这种便携式超声诊断仪在四川藏区查出了十几名患有先天性心脏病的儿童。这些故事经过GE医疗整理之后，被用作营销内容广泛传播。

行业意见领袖凭借自身较强的人格魅力，以及不可忽视的社会影响力，使得品牌的传播速度显著提高，品牌公关因此能收到事半功倍的效果。品牌公关一定不能忽略与意见领袖关系的建立，应针对不同的行业意见领袖，采取不同的方式来拉近双方的距离。

不卑不亢，与外媒良性互动

一直以来，国外媒体在很多人的印象里都是铁面无私的形象，想要和他们搞好关系基本上没有可能。

我先讲个自己的经历。我在GE工作的时候，有一次在中国接待《华尔街日报》总部来的记者。该记者与公司的关系很好，我为其安排采访了GE中国几位业务负责人，带她去工厂参观，还在她走的那天去酒店陪她吃了三个小时的早饭，把中国近代史、改革开放、中国人的梦想都讲了一遍，她当时特别感动。

令人意想不到的是，后来《华尔街日报》在头版发了一篇这位记者写的稿子，题目是《GE公司被迫向中国转让技术》，这与我们向她传达的主题完全不同。这篇报道将公司推到了一个极为被动的境地。

问题出在什么地方？是美国总部工作没做到位？还是我这个中国区品牌公关负责人没尽到职责？归根究底，问题出在我们并没有足够了解国外媒体。与国内媒体相比，国外媒体的差异性主要体现在以下几个方面：更多强调客观平衡，比较少受人情影响；写好的稿子不给采访对象审；事先一般不提供问题，只提供采访的话题范围；与记者相比，编辑的决策权极大；驻外记者轮换频繁，负责领域多。

当然，外媒与中国媒体也有相同的地方，比如追逐重大新闻时记者都想做独家报道，都想成为行业专家，都想采访企业界大人物。外媒也有自己的弱点，比如刚来中国谁都不认识。而在与外媒打交道的过程中，我们需要注意：

1. 不要觉得自己弱势

要自信，相信自己绝对比对方强，气势上要占先。

2. 对自己的公司、自己所在的行业有深刻的见解

比如你在电商公司，中国电商的发展绝对能给外国人上课；或者你从事的是制造业，中国的制造业很强，从玩具到电子，再到装备工业，值得骄傲的话题有很多。

3. 测试外媒是否对公司要传播的关键信息感兴趣

了解你的提法、你的角度、你的故事能否引起外媒的兴趣，以此来争取报道机会，或者对关键信息进行相应调整。

4. 整理出企业的敏感信息

在与外媒交流的过程中，一定要注意回避一些敏感信息，比如跨境贸易、地区组织、气候变化、国家安全、国际关系等。

讲了上面几个需要注意的问题，简单来说，你可以在与外媒见

面前问自己几个问题：我有压倒一切的自信吗？我有什么出色的见解吗？我用什么故事和例子讲述公司的品牌公关主题？有什么敏感的事情要注意？

除此之外，与外媒打交道，还要注意以下几个方面。

1. 费用

在和外媒日常打交道中，一定要注意合理花费。通常情况下，外媒，特别是英、美国家的主流媒体，一般不会接受你为其承担机票、住宿等费用。

2. 场合

这一点也与费用有关，与外媒打交道通常都是选择喝咖啡或吃午饭（lunch）——晚饭（dinner）对西方人来说太正式了。在美国，如果你请你追求的女孩吃晚饭,对方接受了，这就是一个重要的信号。

3. 后勤

要尽可能地做到面面俱到，不能忽略任意细节。

有一次,《经济学人》从英国来的一个知名编辑到我服务的公司采访，我们公司在上海张江，那天我们等了快一个小时也没有见到人。原来该编辑是乘地铁赶来的，但是他对中国的地铁情况很不熟悉，结果浪费了很长时间。如果我能够提前考虑到这种情况，叮嘱其尽量打车来，也许就不会出现后来的尴尬局面。

回到本节开始的问题：和外媒搞好关系可能吗？答案是可能，只是你要设定期待值，外媒更多的是你的伙伴，不是朋友，你们互相利用，在为对方提供价值的过程中为自己创造价值。因此，不要害怕外媒，即使你所在的企业也许并不需要与外媒打交道，但是做品牌公关，了解外媒是我们需要掌握的重要能力，你早晚会遇到的。

有效提升新闻通稿的打开率

在新媒体时代，企业新闻稿有两个重要的基本目的：第一个是为企业的重要信息做官方定调，因为自媒体时代会涌现众多的看法和解读，比较杂乱；第二个目的则是便于搜索，新闻稿要突出最想让人搜到的内容。写新闻稿是品牌公关人员的基本功，但是这个功夫有被取代的风险。

2015年9月，腾讯发表了一篇由机器人写的新闻，第一段是这样的："国家统计局周四公布数据显示，8月CPI同比上涨2.0%，涨幅比7月的1.6%略有扩大，但高于预期值1.9%，并创12个月新高。"

机器人写新闻，最受冲击的不是记者，而是企业的品牌公关人员。因为相比记者，品牌公关人员写的新闻稿模式更为单一。因此，设法提高新闻通稿的打开率对于品牌公关人员来说，也成了非常重要的一件事情。想要让自己写的新闻稿有更高的打开率，除了做好内容，还需要在新闻稿的标题上下功夫，在标题中突出企业名、产品名和话题这些重要的新闻要素。突出这些要素的方法包括：

目标用户建立关联度

新闻稿不是给领导看的，而是给用户看的。因此建立与用户的关联度是传播的基本规律，无论是利益还是情感的关联。我们看几个与用户有关联的标题:“统计显示丙烯腈价格 2015 年比 2014 年上涨 15%”“欧盟发起对原产中国的光伏组件的反倾销调查”“苹果公司推出 iPhone8（苹果第八代手机）”。

不难看出，这些话题均和某个具体群体相关：丙烯腈价格上涨与工业用户有关联；欧盟对中国的反倾销调查会影响光伏产业；iPhone 上市（指苹果新手机进入市场），“果粉”、消费者会特别关心，手机厂商也会关注。

在企业、产品和话题中找到并强化最吸引人的要素

理想的情况是企业、产品、话题都重要。比如“中国首款量产搭载英特尔® Curie™ 模块的智能跑鞋在京发布”。如果一件事情并不是企业、产品和话题都吸引人，就要再去寻找吸引人的点。

在这方面，大企业自带优势。由于企业影响力较大，因此自带吸引力。对于那些并不是十分知名的企业，如果被卷入的事情特别引人注目，也需要突出企业，比如“天天快递关于京东关闭服务接口的声明”。

但有些企业与产品并不十分有名，也没有特别引人注目的事件，这个时候就要尝试在新闻稿标题中突出有吸引力的话题。比如“首次聚焦中国儿童‘尿床’问题，遗尿症亟待科学指导”，这则报道甚至

都没有提新闻发布的主体，但是其话题较具吸引力，促使用户打开这条新闻的是话题。

适当运用副标题补充重要事实和数字

如果新闻标题需要传达的内容较多，主标题没有办法完整地表达，或者为了便于用户搜索，不得不将一些枯燥的内容当作标题，比如:“投资家网‘2017 中国股权投资峰会（深圳）’即将举办”，主办单位、会议名称都要放，但用户看了没感觉，怎么办呢？在这样的情况下，可以在主标题外加上一两个副标题，或者叫说明，比如“——7 月 29 日 500 余名投资领军人探讨股权投资大时代”。

由于用户的注意力有限，副标题也要注意突出能够吸引人的话题，特别是数字和事实，而不是简单的口号。

《第二届鄂尔多斯国际文化创意大会发布会在京举行》这篇新闻稿的副标题“将打造中国北方文化创意新高地”，就不如改成“‘文化创意+’提升全国首批生态文明先行示范区”或者“首届‘一带一路’文创北斗奖启动”。事实往往比口号更有效。

总之，要想提高新闻稿的打开率，就要在新闻标题上下功夫。不仅要与用户有比较密切的关联度，还要找到企业、产品和话题中最吸引人的要素，同时注意适当运用副标题补充重要事实和数字。新闻稿完成后，要将标题和内容浏览一遍，试想一下，机器人可不可以写出来？

策划高报道率的发布会

很多企业特别是缺乏知名度的企业都面临着这样一个难题——很难吸引媒体的关注，即使是对公司非常重要的事，也很难引起媒体的兴趣。如何策划高报道率的新闻发布会，就成了困扰品牌公关人员的最大难题之一。

企业能不能吸引媒体参加发布会并报道，要看企业所处的地位和正在策划的发布会对媒体而非对企业的新闻价值。

简单来说，就是企业越大，知名度越高，发布会新闻点越能吸引人，对媒体的新闻价值就越大。比如苹果发布新一代智能手机，中国中车推出更快、更安全、更舒适的高铁列车，大疆无人机推出新一代智能产品……这些事件从来不用担心无人报道。需要注意的是，要根据需求分别对待蜂拥而至的媒体，既要满足重点媒体的需求，也不要忽视小媒体和自媒体。

如果你的公司规模很大但新闻点不足，就需要想方设法寻找新闻点。

“霍尼韦尔-盖瑞特品牌组合发布REDBOOST（一个系列型号）涡轮增压器”，这就是一家大公司做的新闻点不是很明显的活动，处于示意图 3–2 的右下方。这时就需要品牌公关去努力挖掘新闻点，比如，这种涡轮增压器是专门为中国企业开发的，中国市场的应用环境如何，使用过盖瑞特产品系列的中国厂商对整个产品有哪些提升，对最终卡车用户有什么好处，是不是可以请客户一起来参加发布会，等等，而不是简单在新闻稿里讲新产品“进一步丰富了消费者的选择”。

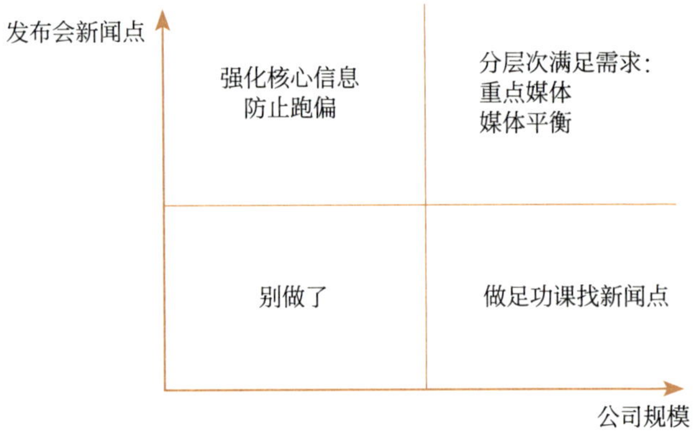

图 3–2　企业所处的地位与正在策划的发布会对媒体的新闻价值

如果公司规模不大，就要争取靠新闻点吸引媒体的注意（图 3–2 左上角）。对于小公司的发布会，其实媒体不拒绝，从新能源到人工智能再到网游，很多创业公司的新产品往往会影响整个行业，新闻价值足足的。但需要注意的是，品牌公关一定要努力引导媒体在报道时讲核心信息，比如锤子手机发布会强调的新产品“重新定义了 ×××”。

如果企业已经决定要召开发布会，又该如何吸引记者参加？我们可以从表 3–1 来看记者的需求和企业应采用的方法 。

表 3–1 记者的需求和企业应采用的方法

记者需求	企业原则	发布会操作方法
完成工作	想办法让他来参加活动	写好新闻通稿给记者发
做好新闻获得认可	提供有价值新闻	提供产品体验
个人价值提升	提供机会	安排采访重要人物

以上分类是参照一次发布会中记者的态度和你能提供的价值来完成的。

记者需求：完成工作

比如一个很有能力的记者，执着追求个人价值的提升，但是参加这次发布会仅仅是为了完成领导交代的任务，接下来他还有更重要的事情要做，我们就可以将其归类于“完成工作”。吸引这类记者参加活动，企业品牌公关可以通过公关公司、个人关系、找记者上司安排等方式来实现。最重要的是要为他们提供清晰的新闻通稿，这是一种基本服务，但我们仍需从几个视角去考虑：

1. 为不同行业的媒体提供不同角度的新闻稿

每个媒体的视角不同，有的媒体做公司战略报道，有的以消费者体验为出发点，有的是技术视角……对于那些想要迅速完成工作的媒体，在提供新闻稿时便可以选择他们喜欢的角度。

2. 提供充分的行业背景信息

许多企业的发布会，特别是技术类企业，专业性很强，即使是对专业媒体，也需要向他们提供一定的行业背景信息。

由美国芯片厂商睿恩科技（Fresco Logic）和意法半导体（STMicroelectronics）共同推出的“PD3.0 可编程快充方案”，就要向媒体提供一系列背景信息：这两家合作的意义；为什么是“USB 诞生以来最重要的创新”；对消费电子产品、个人电脑、物联网发展有什么影响；快充的行业标准是怎样的，未来会如何更加简化等。

当然，一个简单的产品介绍仍然会使新闻稿很难将事情介绍得非常清楚，因此品牌公关要将资料准备充分，以应对记者与读者的提问。

3. 提供多媒体资料

这是新闻发布会的一个服务标配，新媒体时代更是不可或缺。产品的图片、视频，可使媒体可以直接在新媒体平台上使用。

记者需求：希望做好新闻

对于第二类“希望做好新闻”的记者，则需要给他们提供更好的产品体验。

汽车公司做新品发布几乎都是分成两次，一次是介绍产品的性能、价格，大场面声光电呈现，明星代言人出场，极其隆重；第二次则是对行业媒体提供试驾机会。虽然并不是所有企业都像汽车公司那样预算充足，且十分看重产品体验，但场景化体验与产品直接体验的重要性都不容忽视，需要做出一些特别的安排，比如产品性能演示、产品应用环境演示，以及产品生产过程体验等。

记者需求：个人价值提升

对于第三类寻求“个人价值提升”的记者，则需要考虑为他们提供超出发布会以外的视野。

记者最在意的是跟著名企业家和政治家交往的机会。我在GE工作15年，多次给GE的董事长伊梅尔特先生安排中国媒体专访，从央视著名主持人到省报小记者，大家在采访以后都会要求与伊梅尔特先生合影。

在新闻和产品发布之前，首先要看这个发布会值不值得做。在开新闻发布会的过程中，则要注意考虑记者的实际需要，针对记者的不同需求，分别提供有价值的背景资料、产品体验和采访著名人物的机会等，以此来实现发布会报道率的最大化。

CEO 形象管理：最好的形象就是最好的自己

互联网时代，CEO形象就等于企业形象。调查表明，在两家竞争企业之间，拥有明星CEO的企业在品牌形象、知名度和人才吸引方面，比另一个有着较为低调CEO的企业有明显优势。那么，如何才能做好CEO形象的管理？

首先，应该明确的是CEO类型不同，适合的形象塑造方法也不同。根据图 3–3，可以将CEO分成四种不同的类型：

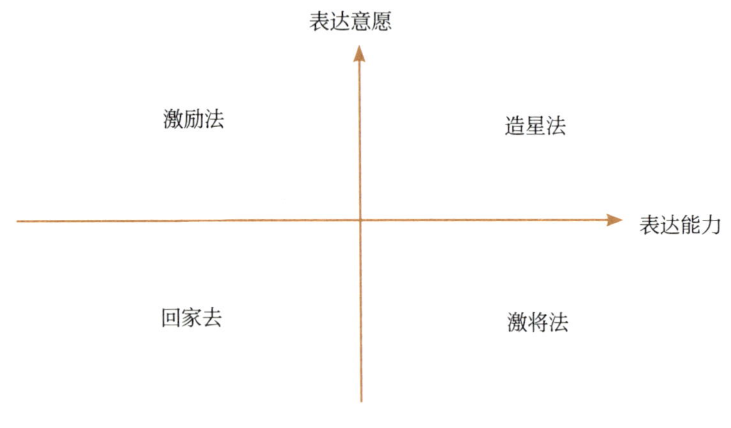

图 3–3　CEO的类型和形象塑造的不同方法

表达能力和表达意愿都很强型

这类传播型CEO通常会对品牌公关有着较高的要求，在为这类CEO塑造形象时，我们应该注意明确每次对外沟通的关键信息，并服务好每一个细节，同时还要提出有深度的客观评价。

英语教师出身的马云，无论是表达能力还是表达意愿都非常强烈，他的演讲往往很能激起人们的兴趣。事实上，每次演讲的背后，品牌公关部门都做了大量工作。以马云 2017 年 5 月在贵阳举行的数字博览会上的演讲为例。

他讲的主题是五新：新零售、新制造、新技术、新能源、新金融。他讲“数据驱动未来”，一切都要重新定义。这些主题是怎么提炼出来的？其不仅要求对数据时代以及数博会主题有深刻的理解，还要清楚阿里的竞争对手的主张，这背后是品牌公关和多个职能部门的心血，甚至包括马云在数博会演讲时手里拿的卡片的功劳。

此外，作为品牌公关专业人士，还要适时指出CEO演讲时的一些不足，比如语速过快，讲重要观点时应放慢语速，回答第二个记者的提问时过于拘泥细节，其实一带而过就好……当然，这个时候要注意尺度的掌握，既要显示自己的专业性，又要注意在批评、提醒前先夸奖领导。

表达能力强、表达意愿弱型

对于该类CEO，要晓之以理，动之以情，用激将法让他们出来讲话。激将法可以包括下面的话术："您那么优秀，怎么就不能为公司出来露露面呢？""员工和客户都期待您出来讲话，您就忍心一次一次让他们失望？""客户都在议论竞争对手CEO的讲话，您比他强那么多，凭什么我们就不能更好地影响客户？"……

需要注意的是，有些表达能力强但表达意愿弱的领导，也有可能是因为心理上的原因，比如就是看不惯别人的高调，这个时候就不要总拿别人与他进行比较。

表达能力弱、表达意愿强型

对待这样的CEO要多用激励法。当然，光激励还远远不够，还需要有一定的方法：

1. 安排专业的发言人培训　发言人培训在国外是一个成熟的行业，总统、政治家、企业家、明星都会参加这样的培训，培训师一般是媒体出身，他们懂得对外沟通之道，懂得媒体套路，会提出有效方法，让发言人突出关键信息。

2. 演练　演练是一个特别简单但容易被忽视的方法。这就好比打篮球，技术再强的球星，也要在比赛前投投篮，提前找到手感。即使工作再忙，也要尽量在采访前15分钟，扮演记者，对其进行模拟演练。

3. 以表扬为主的反馈 对于第三类CEO，我们要将激励法贯穿始终，反馈时也要激励，多讲好的部分，适当提一些要注意的点，并且在下一次演练的时候，举例强化这些要点。

表达能力和表达意愿都很弱型

需要强调的是，一个表达能力弱而且表达意愿也弱的CEO，对企业是不利的，他必须想办法改变，否则企业不会取得成功。

在全面了解CEO形象塑造的不同方法之后，我们再来探讨怎样为CEO选择形象塑造的机会。通常情况下，为CEO塑造形象包括但不限于以下途径：接受媒体采访；在产品发布、行业论坛、政府活动上公开讲话；出席有社会关注度的活动、公益活动等；与员工面对面沟通；做CEO自媒体。

在安排CEO的对外活动时，要注意计划和临时应邀相结合。要为CEO列出一个年度对外传播计划，那些临时性的活动，要与计划好的活动进行有效结合，从而保持有序的节奏。

为CEO创造形象塑造的机会，要遵循下面几个原则：

公司利益原则

CEO形象塑造并不能简单地等同于“帮老板出名”。互联网时代抓眼球重要，但是抓眼球的方式必须与公司的利益一致。老板不能什么场合都露面，老板传递的信息一定是能可以帮助实现公司战略的。

循序渐进原则

要根据老板的特点安排曝光的强度。对于第二类、第三类CEO，尽量要从一些相对容易把控的活动或媒体采访开始。

风险规避原则

规避风险，体现在CEO对外活动的参与方式和媒体选择等方面。比如工业等领域的企业CEO，一般不要参与娱乐类媒体的访问；在公司面对负面消息和危机的时候，适时将CEO推出去；带有恶意的媒体要求采访时，也要谨慎对待。

另一方面，在塑造CEO形象时，品牌公关人员也要注意自身能力的提升，这样才能圆满地完成CEO形象的管理工作。在这个过程中，品牌公关人员需要的能力有：

战略思维能力

特别是对在大型企业工作的人而言，你要了解国家政策、行业热点、争议话题，以便能够为CEO提出正确的建议。

媒体关系和判断能力

在为领导安排采访时，要借助媒体关系对采访者有一个简单的了解，以此来判断其选题逻辑。除此之外，还要了解采访的机会以及风险都在哪里。

我在一家跨国公司的公关部当经理的时候，总监给领导安排了一次外媒的人物专访，但事前没有仔细调查记者的背景和风格，结果该篇人物报道将老板描述成一个行动莽撞、思路不清的西部牛仔，令人十分尴尬。

与大人物交往的定力

这与人的见识和成熟度有关，你不仅要站在跟老板相近的高度，还要有把控他的定力。当然，阻止老板做事、与老板争执，有时无效，有时又会遭到误解，这就需要你的判断、你的定力。什么时候跟老板沟通，如何沟通，如何引导他做正确的事，避免做愚蠢的事，并为此承受误解……你的品牌公关段位，就在这样的过程中提升。

最好的形象就是最好的自己。要学会顺应CEO的个性，让他成为更好的自己，而不是把他塑造成一个令他自己感到别扭的人。

领导讲话稿：
写作是通向品牌公关高层的敲门砖

为领导写讲话稿是品牌公关人员的基本功之一，也是难以逃脱的一项工作。关于写作的话题特别广，我们在这里主要强调一下为领导写讲话稿的几个方法要点。

根据讲话的场合确定关键信息

关键信息是公关的一个窍门和利器，是你要传递的事实和洞察结果。

刘强东在 2017 年 7 月联想集团举办的“2017 Tech World”（联想第三届全球创新科技大会）发表讲话时表示：京东的仓库管理数量超过 400 万种产品，在全国拥有 260 个物流中心，现在库存周转天数只有 37 天，而传统零售商仅仅管理 5 万种产品，库存周转天数就需要 60~70 天；京东用传统的技术、传统的方法，已经把运营成本和效率几乎做到了极致，或者说遇到了瓶颈，下一步必须靠人工智能；未来 12 年，相信京东还有至少十几倍的增长，小目标是十几倍的销售增长以后，员工总数依然能够保持不变。

在这段讲话中，刘强东“京东仓库管理的产品数量超过 400 万种”“拥有 260 个物流中心”“库存周转天数只有 37 天”等事实，并进而表达了“京东用传统的技术、传统的方法已经把运营成本和效率几乎做到了极致”“下一步必须靠人工智能”的洞察，这就是关键信息。

选择关键信息是撰写领导讲话稿的核心问题，你需要确定要在这篇讲话稿里传递什么观点，影响哪一部分受众。以下几个因素可以帮助你做这个选择：

1. 当前的大环境如何 你的关键信息要符合国家政策、产业方向。同时了解竞争对手在说什么。你的观点既要体现企业战略，又要在表达上与众不同。

2. 现场听众是谁 对各国能源部长讲话与对客户讲话，角度肯定不同，必须根据听众关心的话题确定讲话稿的关键信息。

3. 现场以外的听众是谁 公开场合的讲话，会影响到会场以外的受众，尽量让讲话稿的主题能在讲话场合之外继续传播。

根据领导风格设置讲话稿风格

领导个人的风格不同，讲话稿风格自然也应有所差异，比如马云是激情四射的，马化腾是低调严谨的，刘强东是犀利直率的……有的领导习惯照本宣科，有的领导不喜欢看讲话稿……这就需要根据他们的特点为他们设置讲话稿风格，同时还要注意弥补他们的短板。**如果你的领导出口成章、满是金句，你可能就需要为他多准备一些数字，让他的讲话在强大感召力的基础上更有说服力。**

提供现场讲话需要的打印稿、卡片等辅助工具

在领导确认完讲话稿的内容后，还要注意给领导提供方便的打印稿，要确认字体大小在会场灯光下能看清楚，不要把一句完整的话放在两页纸上；做卡片要把重要的事实和观点强化。与领导去现场，要永远记得备份一份讲话稿打印件，以防突发情况的出现，如领导的稿件丢失，或者领导本来以为可以不用带讲稿上台，结果上台之前突然改变主意等。

写作是通向品牌公关高层的一块敲门砖，在为领导写讲话稿的过程中，要学会站在领导的角度思考问题，用比领导还高明的方式做文字表达。即使不想做高层，作为品牌公关人员，也要随时准备应对领导安排的写讲话稿的任务，因此，培养并提升自己在这方面的能力是一件刻不容缓的事情。

高管专访：任何一次双赢的专访，都离不开精细周密的准备

我们生活中做什么事情需要准备？简单说，就是你能够下意识完成的事情不用做准备，比如吃饭、走路、老司机开车；动用意识的程度越高，越需要提前准备。媒体专访就是一件需要高度动用采访者和被采访者意识的事情，比单方行为更加复杂，品牌公关人员作为中间人，作用特别重要，所以这一节让我们探讨一下媒体专访准备工作的重点内容和方法。

首先，我们先来了解一下如何为领导的采访做准备。通常情况下你要交给领导的作业清单包括以下内容：

接受专访的目的

注意，这里说接受专访的目的，是指企业的目的。企业品牌公关，要把企业的目标放在媒体的目标之前（当然，在企业目标与公众利益发生冲突时，要优先考虑公众利益）。企业领导人接受专访，一定有明确的理由，可能是为了新产品上市预热、新营销战略的广泛传播、CEO 个人品牌塑造等。

记者采访的目的

记者也要考虑媒体和用户的利益。虽然你们可能已经就公司与CEO的相关报道内容达成一致，但是记者可能还有其他目的，比如通过这次专访了解CEO对行业一些重要事件的看法，或者准备把专访内容用在其他报道里面等，这些都要对领导进行提醒。

媒体介绍

这部分内容看起来比较简单，不少企业品牌公关和公关公司，都习惯直接复制粘贴网上的资料，这样的话不仅会把领导思路搞乱，而且过多的文字也可能会让领导忽视你汇报材料中更重要的内容。因此媒体介绍要考虑领导需求，甚至需要加上自己的观点。

记者介绍

了解这名记者的风格、主要报道，以及对公司的熟悉程度，具体可以参考以下模板（见表3–2）。

表 3–2 记者（采访者）介绍

类别	记者信息	备注
姓名、性别	李深沉，男	
年龄、照片	52 岁	年龄表明记者资历深，应对 50 岁和 30 岁的记者采取不同的策略，领导会有这种意识
职务	《环球医疗报》副总编辑	表明在媒体内部的影响力，有审稿权，沟通层次简单，但不利的是：他写的文字，如果对企业不利，很难更改
有影响力的作品	2017《民营医疗的两难境地》 2016《中国医疗设备企业迅速崛起的启示》 2016《医患矛盾的根源在于体制不合理》	从作品中可以看出该记者对政策很有研究，对国内企业有偏爱，对行业非常了解
对公司了解程度	曾经采访我公司全球总裁； 多次参加产品上市活动，2016 年被专门安排访问了公司在上海的研发中心，与各产品线研发经理对话； 对公司的报道基本正面，2016 年曾报道我公司河南用户对超声产品的投诉	应附上记者采访公司全球总裁的报道。由于他对公司很了解，采访可以单刀直入讲观点和最新事实，不用公司花时间解释产品和业务这些基本信息
记者风格	成熟、稳健，喜欢提深刻和有挑战性的问题	准备好进行一次与智者的探讨，一次思想的碰撞，不是简单回答问题
需要注意的问题	记者最近关注外资品牌在中国的增长困境，注意相应敏感问题； 该记者喜欢红酒、太极拳、古诗，如有机会可适当闲聊相关内容以放松气氛	注意记者的思想倾向，有机会可以聊聊红酒什么的，邀请他下次喝一杯

专访内容会在哪里刊发

这是每个被采访人都十分关心的问题。对于采访后的报道，要为领导设定期待值，避免其由于未达到预期而产生失望的情绪。

采访问题

对于记者提前发过来的问题，要提前做出简要回答，并标出主要事实和观点，供领导参考。对于那些只提供采访话题，不提供具体问题的媒体，品牌公关人员要学会对记者的问题进行目的解读，提前为领导安排演练。

公司核心信息

公司的核心信息是品牌传播最重要的内容，一定要尤其强调。核心信息可以用“核心信息屋”（见图 3–4）来表达，其内容包括企业品牌战略、支撑战略的主要事实和洞察，以及行业背景、相关数字等。“核心信息屋”是企业对外传播一致信息的保证，每一个公司领导和品牌传播人员都应经常使用这个文件，并将其烂熟于心。

公司近期情况汇总

为领导准备重要的销售数字、财务指标（可以公开的）、人员变化，以及最新的业务举措等。

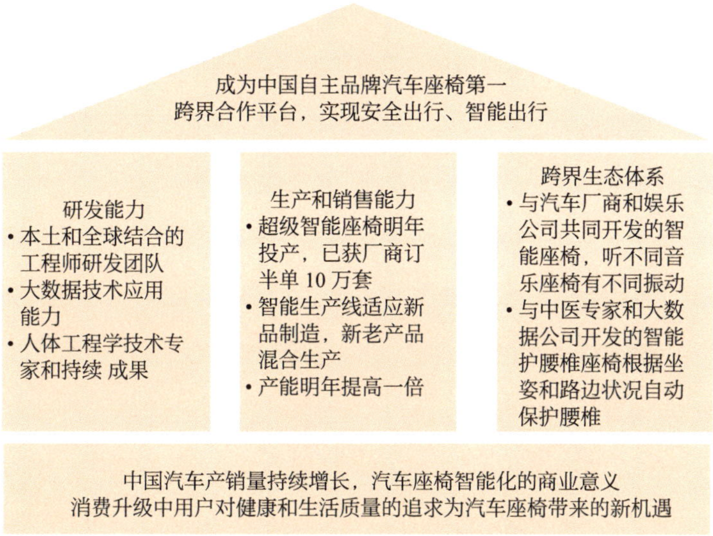

成为中国自主品牌汽车座椅第一
跨界合作平台，实现安全出行、智能出行

研发能力
- 本土和全球结合的工程师研发团队
- 大数据技术应用能力
- 人体工程学技术专家和持续 成果

生产和销售能力
- 超级智能座椅明年投产，已获厂商订半单 10 万套
- 智能生产线适应新品制造，新老产品混合生产
- 产能明年提高一倍

跨界生态体系
- 与汽车厂商和娱乐公司共同开发的智能座椅，听不同音乐座椅有不同振动
- 与中医专家和大数据公司开发的智能护腰椎座椅根据坐姿和路边状况自动保护腰椎

中国汽车产销量持续增长，汽车座椅智能化的商业意义
消费升级中用户对健康和生活质量的追求为汽车座椅带来的新机遇

图 3–4　某生产汽车座椅公司的“核心信息屋”

敏感信息

行业竞争信息、影响行业发展的政策变化、媒体的评价、近期媒体对公司的负面报道，可能会涉及政治、经济、贸易等方面的敏感问题。

采访时间和地点

在不同地点，领导面对采访对话的状态会有明显不同，因此应该提前告诉领导采访的环境。

着装要求

在着装方面，要注意领导本身形象的一致性。比如一个性格随意的领导需要出镜，可以穿他自己觉得舒服且又使观众不感到突兀的衣服。视频采访时，避免穿条纹衣服、戴条纹领带等。

除了领导，帮助记者做好采访前的准备工作同样不容忽视。对于记者，品牌公关人员的任务单应大致包含以下内容：公司介绍、被采访的领导介绍、公司最新动态、公司最新的媒体报道、综合报道，必要时与记者面对面沟通。

公司介绍与被采访的领导介绍应该是公司的标准文件，直接打印或者把电子版发给记者就可以。公司的最新动态和媒体报道需要收集，针对这次媒体专访的话题，提供相应的背景资料，便于记者消化。同时还要做好记者事先不会认真阅读你发去的材料的心理准备。因此，面对面沟通，特别是对于并不了解公司领导、和你并不熟悉的记者来说，十分重要。

你要主动与记者联系，我们强烈主张面对面沟通，如果条件实在不允许，也要做电话沟通。在交流过程中，要尽可能地判断这个记者的能力、知识水平、对公司的了解程度、态度等，你甚至可以从见面中获得你需要为领导准备的信息，比如最终报道的方向、负面的可能性、记者在编辑部中的发言权等。

要尽量避免记者在采访中问“幼稚”的问题，这些问题包括：对公司严重缺乏了解的问题，如你们公司是做什么的？对公司所在的产业严重缺乏了解的问题，如你们这个行业允许外商投资吗？对接受专访的领导严重缺乏了解的问题，如您做这个职位多久了？

意外总是难以避免，采访的过程中也难免会出现各种变数，最好的办法是对可能发生的意外心里有数，发生意外时沉着应对。在安排采访时，最常见的意外情况有以下几种：

1. 记者迟到 品牌公关人员可以提前与记者进行沟通，适时提醒其采访时间。遇到特别重要的领导专访，可以考虑派车去接记者。

2. 领导迟到 领导事情多，可能没有把专访放在最重要的位置。遇到这种情况，可以通过领导秘书进行友好提醒。

3. 记者突然换人 原则上出现这种意外应该取消采访，另行约定时间，但是如果实在没有办法就要及时通知领导，并且与采访的记者通话，了解其基本情况以及对话题的熟悉程度，适时对其进行引导，以保证采访方向不跑偏。采访之后，还要与两位记者沟通，保证他们写出的稿件符合双方需求。

4. 记者录音笔坏了，没录上 最好的办法永远是做一个采访录音备份。这不仅可以防止记者出现技术事故，也为了在将来双方对内容、引语有争议时，可以拿出证据对质。

5. 报道发出内容与采访议题完全偏离 前面做的所有工作，就是为了避免这种情况发生，但如果这种情况还是不可避免地发生了，也不要慌，要立刻与记者沟通，找到引发意外的原因，争取能够得到修订，同时还要做好接受领导指责的准备。

任何一次双赢的专访，都离不开品牌公关人在幕后精细周密的准备。准备工作看似复杂烦琐，但也没有想象中那么恐怖，只要学会换位思考，从他人角度考虑问题，这些工作做起来便会容易很多。

妥善迎接政府高层领导视察

身为品牌公关人员，你可能会遇到这样的场景：突然接到领导通知，将有政府高层领导来单位视察，要求做好相应的准备工作，于是大家立刻开始了忙碌的迎接工作。政府高层领导到企业视察自然是一件值得自豪且应谨慎对待的事情，对于品牌公关人员而言，更是一件具有挑战的事情，从访问前到访问期间，再到访问后，任何一个阶段都不可掉以轻心。

协调准备阶段

准备工作有下面几个主要事项：

1. 了解访问的目的

了解访问的目的，是做好接待工作的根本，然后再根据目的准备相应的汇报材料。

汇报材料的口径是最重要的事，一定要围绕访问的目的。写汇报材料，既要把企业的故事讲好，也要强调政府的支持。因此品牌公关要准备口径一致但用处不同的两套材料，一套给政府，一套给公司的创始人或 CEO。这件事情听起来简单，但执行的时候也会面临许多难题，比如公司内部对内容有分歧，地方政府可能对企业要讲的侧重点有不同意见……

这时，作为品牌公关人员，就要学会在众多的要素中做出判断，写出要点清晰的材料。

2. 与政府主管部门沟通并确定流程

准备汇报材料的同时，要与政府部门反复沟通流程，这里面涉及的细节包括：

（1）视察路线，了解应该安排领导参观哪些地方，每个地点停留的时间，以及每个地方的讲解人员；

（2）汇报形式，是否需要召开座谈会，座谈要不要放映PPT，会议室的领导姓名牌放哪几个，将哪位领导安排在前排等；

（3）员工沟通，做好相关工作，特别是要向他们强调不要随便拍照；

（4）其他细节，如是否需要送礼以及合影留念等。领导一般不接受礼品与合影，但可以见机行事。

除此之外，有时还要考虑作为接待的企业，创始人或CEO穿什么的问题。对于商务着装，如果你不好掌握，就记住这个原则——比客户和领导高一个“正式级”。按照男士标准，如果客户、领导是便装，你要穿比较正式的衬衫，不打领带；如果客户、领导是比较正式的衬衫，你就要穿西装不打领带；如果客户、领导穿西装不打领带，你就穿西装打领带。

3. 配合安保和其他部门踩点

与准备工作同步进行的是安保检查，作为企业品牌公关或者企业的行政部门，你需要做的就是认真配合。

访问期间流程保证阶段

接待高层领导访问，主要的精力花在准备上，在访问领导到达时，只要按照流程走就可以了。为保证流程顺畅，需要做如下工作：

第一，公司负责人在领导下车处迎接，陪同步入公司；

第二，按照与政府沟通好的口径汇报，加入个性化闲谈；

第三，员工原则上照常工作，但可以适当表示友好欢迎。

访问后宣传推广阶段

并不是领导访问完成后，品牌公关便完成了任务，访问后的宣传推广也同样重要。需要强调的是，一定要按照政府无异议的口径宣传。对于级别较高的领导，政府的宣传把控比较严格。

对企业来说，重要的是让访问圆满完成，访问的照片和资料可以用于业务介绍，表明自己企业的影响力。如果与政府接待部门沟通后，其对访问内容没有异议，企业可以在社交媒体上发表。

第四章 公关活动管理：项目星罗棋布，实施百密无疏

公关活动是一个创造的过程，通过策划与实施，将最终成果完美地展现出来。这是一项既复杂又极具挑战性的工作，它要求我们有面面俱到的能力与天马行空的创意。成功的公关活动可以更快地推广产品，提升企业形象，打造良好的大众口碑，为企业积累无形资产。本章就为人家一一分析，如何做好各类公关活动。

公关活动背后的玄机

出于品牌宣传的需要，公关活动成为策划中常用的技术手段之一。一次优秀的公关活动，可以有效推广产品，迅速提升品牌知名度，提升企业形象。公关活动大致可以分为产品上市、工厂开业、展会开幕、产品试用、周年庆典、会议论坛、公益项目、员工活动等。这些活动有三个相似之处：都是配合企业品牌和业务目标的有主题的活动；都是群体性活动，有多元的客户群；都应得到明确的结果。这也是公关活动的三大特质。

组织公关活动的五大通用原则

在组织公关活动时，要注意以下五个通用原则：

1. 领导优先 首先考虑领导和重要嘉宾的时间安排，领导如果没时间，一切后续安排都是空话。

2. 场地考量 场地的选择、场地的档期，能否订到特定时间的场地，有没有足够时间进行场地的搭建布置……这些问题都要全面考虑。

3. 先后次序 较难解决的事、需要提前准备的事要先做，比如预算落实、供应商招标、活动礼品准备和展品运输等。

4. 日程紧凑 活动切忌冗长，比如某些企业的开业典礼安排七八个领导轮流讲话，看似雨露均沾，其实大家的体验都不好。

6. 专注细节 公关活动拥有无数细节，邀请函、活动名字、活动亮点、礼品、嘉宾接待等都需要提前考虑清楚。

组织公关活动的十大要素

以上五项通用原则在我们筹备任何公关活动时都适用。那么到底要如何做，才能保证活动顺利完成并得到我们期待的结果呢？主要按照以下十大要素进行策划：

1. 活动主题 主题是我们要首先策划好的内容，它属于活动内容之上的内容。不同的活动需要制订不同的主题。

一些活动本身就说明了意义，比如可口可乐公司与国际奥委会签署合作伙伴协议，宝马新5系发布。这类活动本身意义明确且足够吸引人。

一些活动需要额外制订主题，比如会议论坛："插坐学院研讨会"的主题就是"插坐学院在线教育升级研讨会"。比如公益项目：某公司与某公司公益基金会活动的主题可以是"让每个孩子都吃上健康的午餐"。这样的主题浓缩了整个活动的精华，且通俗易懂，有助于活动的后续传播。

2. 议程设定 议程设定相对简单，主要是做好创意部分。最考验品牌公关人员议程设置能力的是论坛，我们要做到：

第一，符合社会或者行业关注的热点。比如新能源、消费升级、人工智能等大方向。

第二，有利于企业品牌传播或者产品推广。比如你们公司做电动汽车的驱动技术，你在议程中就要有公司代表讲这个话题，或者小组重点讨论这个话题。

第三，邀请相关主题的专家和意见领袖。比如，讨论商业文明可以邀请吴晓波、秦朔；讨论电商与线下零售业的未来，可以邀请天猫和万达的高管；讨论人工智能，可以邀请百度的相关技术专家；谈网红经济，可以邀请Papi酱。消费类产品注重明星效应，但是对工业产品和B2B企业来说，每个细分领域都有自己的专家，名人和级别高的领导固然有号召力，但是出工不出力的名人，到会场讲完话就走的前政府领导，其实不如对行业有深刻见解的业界专家更有价值。

第四，确保论坛议程能够创造更多的传播机会。嘉宾要提出新鲜的有挑战性的观点，甚至可以邀请两个观点对立、喜欢辩论的嘉宾同场。比如地产界就特别喜欢邀请主张房价永远在涨的任志强和一直唱衰房价、称“五年内房价将掉一半”的前摩根士丹利经济学家谢国忠同台争论。

3. 出席领导 对于产品发布活动，大家关注点在产品本身；对于论坛、政治活动，大家更为关注出席的领导，所以参加领导的级别需要我们仔细斟酌。这类活动有博鳌亚洲论坛、达沃斯经济论坛、“一带一路”峰会、世界互联网大会和企业庆典活动、学校的校庆活动等。

4. 嘉宾和观众 公关活动的本质是促进销售，所以参与活动的人群应该是产品的使用者，比如小米和锤子手机发布会上，参与者大多是产品的粉丝。嘉宾和观众也可以是有影响力的意见领袖，他们会帮助你传播活动的核心信息。

我曾经策划过一次工业互联网的论坛，本来只邀请了行业客户，却有20多个政府部门的处长表示希望参加，而且坚持低调，不坐前排，不要桌卡，目的是为了领略世界领先企业在大数据方面的成就。

观众也是非常重要的活动组成部分，也许在观众中就存在着你意想不到的价值人群。

5. 场地选择 场地选择任务烦琐而艰巨，我们要找到能够体现活动主题并且容量合适的地点。

6. 时间选择 主要考虑产品上市的时间，行业话题适宜讨论的时间，领导空闲的时间，并且要与其他大型政治活动的时间错开，等等。

7. 活动文字和多媒体材料 为保证活动质量和后续传播的效果，需要将活动材料准备好，比如邀请函、新闻稿、讲话稿、产品宣传片、开场视频、活动后现场图片、视频、嘉宾讲话速记稿等。

8. 活动执行的资源：公关和活动管理公司 市面上存在很多活动管理公司，他们擅长的领域、收费的标准各不相同。举办一次活动需要的费用跨度很大，为了减少沟通成本，我们需要事先将活动性质、规模以及预算范围计划清楚，这样有助于我们更好地进行筛选和策划。

9. 活动预算管理 如前面所说，雇用活动管理公司、公关服务公司、订场地、安排餐饮等都需要费用，在安排活动预算时，一定要给自己留5%左右的余地，以防因意外情况突然追加预算。

10. 活动效果评估 可以通过三项指标判断活动效果：直接转化率（客户当场就下了订单）、销售线索（客户没有下单但是表示了兴趣，销售人员可以跟进）、品牌影响力（客户的反馈情况以及媒体对企业核心信息的传播情况）。

组织公关活动是品牌公关最重要的工作方式，它可以有效促进企业和产品核心信息的传播，提升企业声誉。有效组织公关活动，也是对品牌公关专员素质和能力的全面检验。

核心创意亮点：让活动更出彩

公关活动讲究创意，我们希望通过公关活动，给活动参与者带来美好的体验与独特的回忆。随着市场的发展，公关活动创意不胜枚举，让人耳目一新也越发艰难。喜欢这份工作的人，认为创意是一种刺激：当你感觉绞尽脑汁无从下手，也许就在地铁摇摇晃晃的节奏里，吃火锅把一片肉送进嘴里的瞬间，或在淋浴间雾气腾腾的模糊中，你突然灵光乍现，一个好创意就此诞生，那种激动与兴奋只有你自己能够理解。当然，再怎么激动，也不要像古希腊学者阿基米德那样，因为在洗澡时发现了浮力定律，不穿衣服就冲到街上。

何种公关活动需要核心创意亮点

可以说，创意是决定活动能否出彩的关键。什么样的公关活动需要核心创意亮点呢？大致有以下几类：

1. 产品发布

设计产品发布的亮点非常直接，就是围绕产品特点、核心卖点做策划。

2017 年 3 月，著名汽车品牌捷豹推出第一款赛车型SUV（运动型实用汽车），他们在上海外滩用 120 吨重的钢筋材料构建了一个 19 米高的世界最大垂直环形跑道。一名英国赛车手驾驶新车从过山车赛道上穿过，其中还有倒立行驶的瞬间，令人叹为观止。这次发布会充分表现了新车卓越的操纵性，在视觉效果和活动规模上都是登峰造极。

类似花样层出不穷，目前很多活动预算充足的汽车厂商，产品发布的亮点越来越丰富：新车穿越过山车；新车从天而降；新车从水里冒出来；活动会场大幕拉开，后面是宏伟的沙漠；为了表现旅行车的内部空间，厂家向车里塞进 20 多人，他们像变戏法似的从车里一个个出来……

如果是小企业，活动预算没那么充足，可以通过震撼的视频将产品呈现出来。

2. 业务成就推介

和业务成就推介有关的公关活动包括企业周年庆典、完成重要销售指标的庆祝活动、奖励有贡献的人物的活动等，设计这类活动的亮点主要有三种思路：一是突出影响力，二是突出人物，三是两者结合。呈现的方式也是以视频为主，实景和人物呈现为辅。

要突出影响力，可以表示出企业为多少用户提供了服务，完成了多少件产品等。

“香飘飘”奶茶的广告:“香飘飘奶茶，杯装奶茶开创者，连续6年销量领先。一年卖出7亿多杯，连起来可绕地球两圈！”将产品销量用“连起来可绕地球两圈”的方式表达，远比生硬的数据更有冲击力。虽然是广告，但这种表达方式值得我们借鉴。

相较于突出影响力，突出人物其实更重要。单纯展示生产能力无法连接人与人之间的情感。试想，如果在企业10周年、20周年、100周年庆典上，围绕企业发展各个重要时期的场景、人物、故事、产品做一段视频，在活动现场播放，或者让重要的人物、产品来到现场，可以引起多少人的共鸣。通过激发观众内心的情感，不仅可以在现场取得良好效果，在活动之后也可以将活动精神继续传播。

德国汉诺威工业博览会在2017年举办了70周年庆典，其中一个德国家族企业70年来从未缺席，现在这家企业的董事长是汉诺威展商委员会主席。庆典上展示了这位董事长70年前跟着祖父、父亲一起参加展会的照片。照片上的人物伴随着展会一起成长，从侧面展现了展会的发展，更加具有感染力。

3. 建立伙伴关系

设计关于伙伴关系的亮点时，要重点表现出这种关系的程度，伙伴关系主要分为合资、合作、交易几种层次。关系密切度越高，表现形式越正式。

比如两家企业为今后30年的合资举办活动，可以围绕双方企业的标志性产品、logo、创始人形象等展开策划，呈现方式可以是视频或实景；如果仅仅是合同交易，可以让领导在活动上签约合影。但这个方法有局限性：如果是大企业与小企业合作，小企业领导自然愿意与大企业领导在台上签约合影，而大企业领导可能不接受这种方式。

我们经常能看到签约活动中，几位领导在台上共同触摸一个外观华丽的球体。当领导们的手碰到球时，马上鼓乐齐鸣，鞭炮齐放，或者大屏幕出现主视觉，一片欢腾。摸球环节的好处是可以让很多人同时参加，但弊端也很明显：陈旧俗套，观众已经审美疲劳。不到万不得已，尽量不要使用这个方法。

亮点创意的原则

在以上三类活动中，创意是关键，但我们在策划时，首先要考虑活动的主题和目标，切忌自以为是。所以在设计亮点时，可以参考以下几个原则。

1. 突出主题　不要为了花哨而做亮点，所有环节都应紧密围绕主题进行，**亮点若与主题大相径庭，搏来的眼球并无价值。**

2. 政治正确　根据领导的政府级别和行业影响力为他们安排正确的位置，每一位嘉宾和领导都应被安排在合适的位置。这一工作有时极为烦琐，我就曾经为了活动前三排嘉宾座位的排法，跟团队开了总长七八个小时的会，有人参与电话会议，一直打到手机没电，耳朵发热。到了活动现场，还会出现因嘉宾换人需调整座位的情况，品牌公关让人疲惫至极，但这是保证活动成功的必要准备。

3. 技术控制 核心创意亮点要保证技术实施的可控性。在一场企业发布会上，领导沿着钢索从天而降，落地后却解不开带子，全场观众眼看着一群工作人员冲上去给领导“松绑”。原本精妙的瞬间演变为一场尴尬剧，好创意带来的成功化为泡影。

有一次我策划活动，亮点就是领导触球，没想到这样简单的环节也出事故。当时，领导的手已经触碰球体，透明球内的灯也开始闪烁，音乐顺势奏响，但最重要的主背板logo灯却还是一片黑暗。我立即从台下跌跌撞撞地跑到背景板后面的控制台，大喊了一声：“开灯！”懵懵懂懂的工作人员才推动按钮，灯终于亮了。

原来，活动公司连夜搭建舞台导致人员太累，控制灯的工作人员在关键时刻居然睡着了。后来同事告诉我，那个时候他们在全场各个角落都听见了我“开灯”的叫喊。我检讨没有在活动开始前检查好各个环节的工作，导致活动在关键时刻出了纰漏。

4. 持续传播 活动亮点最好能形成好的画面，便于事后传播和历史存档。活动管理公司往往注重现场的效果，但从品牌公关的角度出发，我们还要让活动的价值持续传播下去。

比如有些活动现场烟雾缭绕，台上如梦如幻，但拍出来的领导照片面部模糊如同鬼魅，这样就不方便做后续的传播。所以，我们在设计品牌公关活动核心创意亮点时，要**让亮点有一个清晰的定格瞬间**。

为活动取一个让人印象深刻的名字

首先要明确一个概念，品牌公关活动的名字是对事件主题的提炼。什么是事件？“宝马 5 系上市会”“iPhone8 发布会”“腾讯和京东战略合作签约仪式”等，都是事件，对这些事件主题的提炼概括就是活动名字。比如“相约在春天——中山大学温哥华校友会周年庆典”活动，“相约在春天”就是品牌公关活动的名字。

为什么要给品牌公关活动起名字？当然是为了让人更容易记住，那么我们在起名时就应该注意以下原则：

活动名字不宜过长

邀请函及背景板的名称要简化，比如“土地狼集团和独眼猫有限公司全面战略合作协议签署仪式暨猫粮生产基地奠基典礼暨双方携手收购美国钻天蛇宠物连锁商店意向书签约仪式”，字太多了，请柬和背景板都写不下，所以要给活动起个类似这样的主题名字：“狼猫联手闯天涯”。

与同类活动有效区分

有些年度活动，比如公司 2016 年家庭日、2017 年家庭日、2018 年家庭日……每年主题都应有所不同，所以要加上“英雄联盟”“激情跳跳彩”“深冬乐活岛”这种能够表现主题的名字。

突出产品和活动的核心信息

无论产品发布会抑或会议论坛，都有一个活动主题，名字就要围绕主题来取。比如美容机构的发布会叫“活于心，美于身”，互联网私人教育机构的发布会叫“让教育慢下来”等，这些都是简洁有力并能够突出活动主题的好名字。当然，如果事件名字和活动名字能融为一体最好，比如“淘宝造物节”。

著名营销人“李叫兽”（李靖，曾任百度副总裁）论述过 X 型与 Y 型两种文案，比如描写耳机音质好，X 型文案是“声声震撼，激发梦想”，Y 型文案的写法是“犹如置身音乐会现场”。如果我们打算策划一场耳机发布会，你会选择哪个文案？

其实最好的方法是两者结合，举办品牌公关活动与撰写广告文案都是为了制造最好的传播效果，引发购买行为和价值认同。但品牌公关活动应用的场景不同，既要能够体现企业的品牌特性和活动的仪式感，还需考虑参会领导的感受，所以我们要避免 X 型文案的空洞，在

Y型文案的基础上加以雕琢。

适合在正式场合呈现

因为活动名字要以正式的方式在背景板、邀请函上呈现，所以不能太过随意，通常可以采用以下四个方法取名：

1. 对整结构　对整结构有三字句、四字句、多字句之分，比如“博于芯，速于型（汽车品牌）”“测商旅，赢美金（信用卡品牌）”“放心换新，不二之选（二手车活动）”“穷高极远，而测深厚（危机公关研讨会）”等。

2. 多加少、少加多结构　多加少结构，比如“多乐士幸福家庭，多彩开始（油漆品牌）”；

少加多结构，比如“执着匠心，铸就每一次精彩（银联ATP网球大师赛）”。

3. 单字结构　比如“融——未来（融资机构）”。

4. 谐音　谐音在活动名称上运用得十分普遍。比如“行祺道，试锋芒（广汽传祺）”“米到上海”（首批上海米其林餐厅名单揭晓活动，其中“米到”在上海话中表示“味道”，同时隐喻米其林来到上海）等。

在使用谐音方法为活动取名时，应避免重复，比如“为爱约惠”就出现在多个品牌的活动上，重复更多的谐音名字是“驭见未来”，赫斯特出版集团、奥迪、捷豹、沃尔沃，还有吉诺集团都用过。所以在起名时，应尽量避免这类大众化的谐音。

有利于后续传播

名字要适合在活动之后持续传播，或在其他传播场合应用。我在GE公司工作时的业务主题是工业互联网大数据，由此设定传播主题——“当智慧遇上机器”，为保证持续传播、便于搜索，我们在网页、新闻稿以及大型活动中，都采用“当智慧遇上机器”这个名字。

此外还有一个主题是与中国企业合作，共同开拓海外市场，名字是“源中国，汇全球”，以中国为基础，汇聚全球资源，共同开疆扩土。同样，大型论坛活动使用的也是这个名字，简明有力地呈现出活动主题。

品牌公关活动的名字既要帮助品牌传递核心信息，又要大方体面。只有在我们真正进行策划时，才能意识到这可能是一个比写文案更难的工作。一个好文案可以反复使用，而活动的名字却不能雷同，我们还要保证每个名字的质量。虽然任务艰巨，但当你想出一个让人叫好的名字时，那份成就感与自豪感是无可比拟的。

关于活动名字和背景板，分享一则小故事。

很多年前我的美国老板问我：“为什么活动要做背景板？为什么背景板上要写那么多字？”我回答：“因为我们活动太多，如果没有背景板，拍出来的照片不知道是哪一个活动上的。”

还有一个理由我没有说，国外的活动基本上没有名字，只有类似“iPhone8 发布会”这样的事件名，这是因为外文不像中文这样博大精深，一字多义，一句万言。

撰写邀请函：为公关活动打响“开头炮”

在品牌公关活动的整个过程中，有一头一尾两个重要的客户接触点，它们首尾呼应，在公关活动中起到画龙点睛的作用。这两个接触点分别是让客人们在活动开始前收到邀请函，在活动结束时得到一份礼品。

目前公关活动发出的邀请函有三种：纸质邀请函、电子邀请函和实物邀请函。

纸质邀请函

大家可能会问，现在还需要用纸质邀请函吗？的确，纸质邀请函浪费资源且易丢失，但有三种情况需要用到纸质邀请函。

1. 政府部门主办，或是活动地点在政府部门主管的场所。如在人民大会堂、钓鱼台国宾馆等地举办的活动，以及外国使馆举办的活动，都需要纸质邀请函。这类邀请函不需要华丽设计，主要作为通行证使用。

2. 邀请部门具有独特的身份和印记，或者活动本身具有特殊意

义。这类情况的邀请函可以作为纪念品留存，比如北京奥运会组委会的特别晚宴、夏季达沃斯论坛开幕式招待会、带有独特历史标志的传统产品活动等。

3. 创意纸质邀请函，将活动主题融入邀请函的设计中。比如异形邀请函，打开以后是某种跟产品相关的造型，比如一个高尔夫球、一个我们小时候玩的东南西北不同层面的叠纸（如图 4–1 所示）等。

图 4–1　创意邀请函

电子邀请函

现在使用次数最多的无疑是电子邀请函。它的好处是：可以包含更详细的活动信息和背景材料；可以对活动信息做出更改；有更多的设计空间做美化；可以获得用户信息，为销售转化创造基础。

最常见的电子邀请函是H5，它可以包含多个页面，呈现品牌信息、产品信息、活动细节等，有的还加入了企业领导的视频或者音频。被邀请人在页面上完成个人信息，提交后会接到确认通知。

实物邀请函

此外，还有一种邀请函的形式是实物。如果你是零食生产商，可以寄一小袋产品给客人，在包装上印上活动邀请函的二维码；如果你是电子产品制造商，可以送一个多功能手环给客人，客人通过手机扫描手环上的标志得到多媒体互动体验，听到公司CEO的邀请语音等。

以上三种邀请函各有千秋，我们可以充分运用H5[①]这样使用方便、信息含量丰富且便于收集客人信息的电子邀请函，也可以根据活动的特殊性和创意需求，选择纸质邀请函或实物邀请函。

无论邀请对象是谁，邀请函都需要写清楚以下内容：正确的称呼、活动名称、时间和地点、原因和背景、对被邀请人或部门的特别认可、对被邀请人的期待（希望对方参加或者进行特别发言等）、活动流程、活动联系人。

假设插坐学院要邀请政府领导参加一个关于创新创业的研讨会，邀请函的主体内容可以这样写：

朝阳区商委、区教委：

专注职业培训的创业企业插坐学院将于9月20日（星期三）

---

① H5，指“HTML”（超文体标记语言）的第5个版本，即一种新的网页形式。——编者注

下午三点在我司办公室举办“互联网职业培训的机会和困局”研讨会，我们将邀请政府领导和职业教育工作者、互联网技术公司和企业人力资源部代表共同探讨互联网时代职业培训的新思路、新方法，以及促进行业发展所需要的政策支持。

开头一段包括邀请函的称呼、活动主题、时间和地点这几个要素，一定要让被邀请方第一时间掌握活动的主要信息，不要长篇大论意义不明。

在撰写邀请函的过程中，需要注意以下几个方面的问题：

使用正确的机构名称和习惯性简称

在进行品牌公关时，我们多数情况下不跟特定的政府部门打交道，但举办活动时需要有关政府部门参加。所以撰写邀请函时，一方面要多请教他人，另一方面要到政府官网上查看，必须正确运用简称，比如商务委员会可称为商委，教育委员会可称为教委，务必避免错误。

使用正确的称呼

要写出被邀请人的正式称呼，比如“尊敬的晚霞区教委彭德超处长”。

对既有学术头衔又有官衔的人，写邀请函时最好在开头将两个头衔一并写出，在下文多用学术头衔，比如“插坐大学副校长张志伟教授”，后面提到被邀请人的时候，再用“张教授”这个称呼。

对于副职，我们要特别注意，在非正式场合，我们可以把“副”字去掉，比如刘天一副市长，我们有时就称其为刘市长，但是在邀请函以及正式的活动中，还是要称呼刘副市长或天一副市长。

对于外国人，我们常遇到的情况是请大使馆人员参加活动，注意大使“Ambassador”这个称呼与教授、博士一样，可以终身使用。对担任过驻外大使的中国人，除非他有更重要的行政职务，否则我们都可以称之为“尊敬的大使”。

需要我们特别注意的是对英国人的称呼，比如称呼英国的博士Doctor，简写“Dr”后无需加点。英国还有复杂的爵位制度，如果有所涉及，我们一定要整理清楚。

表明邀请的背景与原因

邀请的背景与原因是被邀请方最希望了解的，以下为例：

根据政府××部门公布的最新数据，职业教育的提升将决定人才发展、消费升级和经济可持续发展的未来。插坐学院以“岗位基础技能”为核心的课程体系服务数十万职场人，为互联网职业培训行业创造了政府、技术公司、企业用户和学员共赢的生态环境，我们期望得到政府进一步的战略指导和政策支持，共同推动行业发展和朝阳区的经济增长。

然后是“对被邀请人或部门的特别认可”，表明区商委、教委对插坐学院的支持，引出特别邀请这个部门的领导参加论坛的原因。

插坐学院自创立以来，得到了区商委、区教委的大力支持。我们在发展的过程中，遭遇了各式各样的挑战和困难，尤其在经营和教育领域，得益于区商委、区教委的悉心帮助与引导，插坐学院安全渡过了难关。区商委、区教委过硬的专业知识与为人民、为社会、为企业的精神是我们学习的榜样。

表明邀请人的预期发言内容

再往下的段落，写出希望被邀请的领导讲话，以及对讲话内容的期待。

参加此次活动的职业教育工作者、互联网技术公司和企业人力资源部的同志们都是满怀梦想、渴望成功的人，我们希望了解当今社会职业培训的发展与机遇，并期待像区商委、区教委领导这样具有政策和行业高度的人指点迷津。

我们一致认为，区商委、区教委的拨冗出席，能让我们受益匪浅。同时，也相信当今社会的年轻人的拼搏冲劲与奇思妙想也会让各位领导耳目一新。

注明活动流程和联系人

最后写明活动的流程以及具体日程和地点的安排，比如下午三点至三点半为领导讲话等。

会议时间：9 月 20 日（星期三）下午三点，会议地点 ×××，联系方式：×××，联系人：×××

敬请光临

插坐学院

××年××月××日

我们要特别注意的是活动联系人的人选。如果联系人是助理或实习生，那就非常不妥。面对政府领导，联系人最好是对政府运作有经验的政府关系部高管。我们在进行品牌公关时，一定要有专人对接。

礼品策划：
精雕细刻不如奇思妙想

知道如何制作邀请函后，我们来了解如何策划公关活动的礼品。公关活动策划的模版上，礼品是一项必不可少的内容。先回想一下，在你参加过的活动中，曾经收到过哪些令你爱不释手的礼品？又有哪些礼品令你不屑一顾？当你在心中有了答案之后，让我们来具体探讨公关活动礼品策划的主要步骤和需要注意的一些问题。

让礼品与品牌有明确的关联

建立关联能够帮助你达到品牌传播的目标，有三种方式可以帮着建立关联。

1. 产品本身 洗发水、巧克力、食品、调料这类产品的新品发布，都可以将产品作为礼品。不仅切合活动主题，更可以进行产品推广，收集用户反馈。但要注意在产品包装上增加一些设计，让礼品看起来更加得体。

2. 明星代言 如果有明星代言，礼品可以围绕明星的形象进行选择，比如富有艺术感的明星海报等。

3. 主题关联 寻找活动主题与礼品的关联。

我曾经策划过两个公关活动，一次是公司赞助中国花样滑冰队，在活动上公司请冠军们给客户和家属做专场表演，然后邀请客户的孩子们上冰与冠军一起做游戏，由专业摄影师拍下申雪、赵宏博、庞清、佟健这些大明星与孩子们的合影，活动后送给客户，受到了一致好评。

还有一次清洁能源活动，我与礼品公司一起设计了一种太阳能迷你风力发电机模型，有光照的时候，风车就会转动起来。这两个礼品都是紧紧围绕活动主题进行策划的。

以上三点是我们建立品牌与礼品的关联度的方式，除此之外我们还需要注意以下几个问题：

1. 创意为先，实用为辅 我们常听到这样的说法："别费脑子了，送点实用的吧。"观点是正确的，但是否实用是一个主观判断，我们无法做到让所有人都感到实用。我参加过一个中国大型企业的庆典活动，收到的礼品是飞利浦剃须刀，明显的问题是：女性客户怎么想？没有老公或男朋友怎么办？飞利浦与主办方的品牌有什么关联度？

所以，当我们选择送实用型礼品时，仅仅在包装上体现出主办方的logo还不够，还要保证礼品与品牌有所关联，比如清洁能源活动送新型插线板，二者之间就有一定关联。

2. 让礼品自带话题 社交媒体时代我们常用的一个词是"自带话题"，产品包装也可以"自带话题"，让人和产品具有传播性。

我有个旅行家朋友，每到一地都给大家寄明信片。某次她去了北极圈附近的圣诞老人故乡，当地有个说法，在红色邮筒寄出明信片，收信人一定会在圣诞节前收到它。假设大家都收到这样的明信片，多数人会通过社交平台分享自己的喜悦，这对旅游目的地来说，是很好的推广。

在参加公关活动时，几乎所有的客户都希望被特别对待并且期待得到惊喜。让公关礼品自带话题，使客户得到满足，产品就容易被传播出去。

3. 让礼品具有稀缺性　各种限量版的产品之所以被人追捧，主要是因为稀缺性带给购买者自我满足感。如果公关活动礼品是写了客人名字的Moleskine[①]笔记本、公仔或者明星签名的相框，客人一般不会马上丢掉。

比如一家公司的活动，尊贵的客人在门口手写名字签到，活动管理公司用3D打印技术把签名嵌在透明材料里作为礼品送给客人，整体上别出心裁，个体上又迥然不同（如图4–2所示）。

图4–2　礼品创意

① 20世纪就已经流行的一款笔记本，许多名人都使用过，像梵高等。

下面这个表格，可以为大家在策划公关活动选择礼品时提供参考（见表4–1）。

表4–1 公关活动礼品参考

活动类别	内容范例	可考虑的方向	需避免的方向
产品发布	新车型发布； 升级芯片发布； 新款手机发布； 超声医疗设备发布； 品牌代言人发布	车模（限小型活动）； 加实用功能的产品的迷你模型； 明星创始人签名的笔记本； 品牌代言人签名的照片	预算过高的礼品； 难以操作的礼品（明星手签过多）； 分发过于复杂的礼品（如百人以上活动的个人定制礼品）
信息发布（企业树立意见领袖）	大数据应用白皮书发布； 智能制造指数发布； 消费者趋势调查报告	与行业相关的实用礼品（如洗发水套装）； 与思维思考相关的礼品（如精美笔记本、笔）	同上
客户招待	年度答谢会； 国外高管来访与客户见面会	体现公司文化的书（创始人传记、公司发展历程等畅销书）	注意不要违反政府关于活动费用标准、礼品标准的规定，主要针对国企和国企客户

通过有效的渠道采购礼品

好的公关活动礼品要怎样准备？企业有决策权，公关公司有建议权，但真正落实要靠供应商。如果用自己的产品当作礼品，那么考虑的问题就少很多；如果不用自己的产品，可以从三种渠道采购礼品。

1. 礼品公司 优秀的礼品供应商擅长满足客户多变的需求，他们可以迅速提出合理报价，保证交货速度。他们拥有广泛的供应商网络和强大的议价权。有些小型礼品供应商会更专注，比如专长做工艺品、小电器、韩日风礼品、运动服装等。

2. 电商 电商是最方便的渠道，你需要的产品基本都可以在电商中找到，并且下单方便，适合成品采购。

但电商的弊端在于无法保证定制化设计的质量，哪怕仅仅是定制包装都不甚理想，因为电商可能没有专门人员来做这方面的事情，小电商此类情况更多。

3. 艺术家工作室 艺术家工作室是创意工作室和小型作坊的统称。随着消费升级，职业越发个性化。我曾有幸遇见著名艺术家、参与《阿姐鼓》创作并演唱主题曲的朱哲琴老师，她做的创业品牌“看见造物”（见图 4–3），将民族地区的传统艺术用设计的元素推向市场，所获利润部分用于民族工艺的保护。

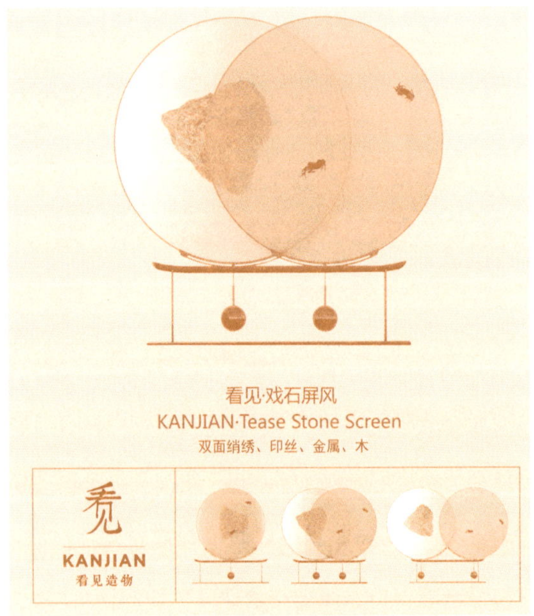

图 4–3 “看见造物”

公关活动选用这样的礼品，不仅富有艺术气息，还具公益性质。

保证礼品策划符合预算要求

1. 梯级预算 为了防止老板和客户抱怨礼品太差，事先提供超出预算的好方案，让领导抉择是否追加预算。

2. 严格控制 对供应商控制预算，争取在预算范围内做到最好。

3. 多用创意 用创意弥补费用的不足，精雕细刻不如奇思妙想，好创意永远珍贵。

2010 年上海世博会举办期间，正值美国政府资金紧张之际。世博会结束后，美国馆被拆掉，美国政府为了感谢赞助商，感谢无数的志愿者，把美国馆拆下的钢梁碎成小块，嵌到镜框里，然后写上一段说明和感谢语，送给赞助商和志愿者。

这个镜框我至今还珍藏着，有时还摸着它回忆 2010 年那个漫长的夏天，我在世博园顶着烈日带客户参观的情景，还有时任国务卿的希拉里与我亲切握手的场面。

这份礼物虽然成本低廉，但对于所有参与其中的人来说，意义非凡，是能够保存下来的好礼物。

其他细节问题

最后，我们再探讨一下进行公关活动礼品策划时需要注意的几个细节问题。

1. 礼品袋的制作 这一点常常被企业忽视，差不多每个企业都会准备可用于各种场合的长方形纸袋，这便于批量采购以及控制预算。但从传播效果来看，独特的礼品袋才是最好的传播媒介。

2. 礼品的分发时机 原则上，我们主张在活动结束时发礼品，让客户关注活动本身的内容。**礼品只是对内容的加强和延伸**。

3. 创造力 礼品策划也是创意能力的一部分，不断提升创意，使每次活动都能有所不同，增加自己的阅历，培养自己的审美，这正是品牌公关的魅力所在。

妥善安排嘉宾座位

重量级人物出席品牌公关活动，是对企业品牌的莫大信任。为了不辜负这份信任，使活动圆满举行，让领导和嘉宾在现场和宴会上得到应有的礼遇至关重要。这也是我在 20 年品牌公关的工作生涯中，感到最难的事情之一。本节就让我们探索座位安排的玄机。

座位的安排主要依照以下原则：行政级别原则、地位对等原则以及身份关联原则。接下来我们从三个具体的活动场景来分析。

礼堂式活动

礼堂式活动摆放座位时，一般中间留出通道，在两边排座位。以 A 为主人，B 为客人举例，有两种排位方式。

1. 主客分坐两边，越靠近中间的人级别越高：

B5，B4，B3，B2，B1——A1，A2，A3，A4，A5

2. 面向舞台，双方交错排位：

B5，A4，B3，A2，B1——A1，B2，A3，B4，A5

很多时候，客人数量和本公司领导的数量并不对等，除了参考行政级别以及采取地位对等原则之外，还可以使用身份关联原则，让相关的人坐在一起。比如公司的首席技术官，最好与政府科委的领导坐在一起，一方面可以让领导得到周到的照顾，另一方面也可以让他们交流业务。但在实际应用中，由于判断更具主观性，这就非常考验品牌公关负责人对公司领导和公司业务的了解程度。

双边会见

原则是以客为尊，从对面看过去，客人在左边，主人在右边，双方按照级别依次排开（如图 4–4 所示）。

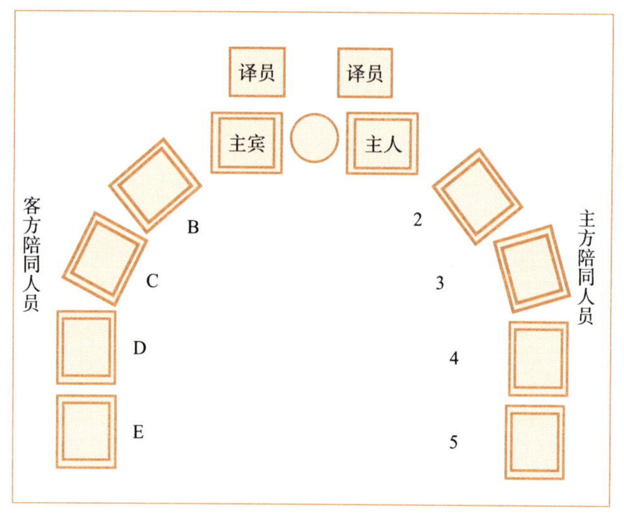

图 4–4　双边会见座位图

2001 年冯小刚的电影《大腕》中，有个场景是路易王会见 Lucy，路易王是主人，却坐在了左边（如图 4–5 所示）。尽管场景看上去十分正式，但座位的错误让人感到有些怪异。

图 4–5 《大腕》电影场景

宴会

宴会分为圆桌和方桌，圆桌更普遍一些。

圆桌的排位有两种：

一是主人在中心，客人 1 号和客人 2 号分坐在主人两边，然后主人 2 号与 3 号、客人 3 号与 4 号依次排开（如图 4–6 所示）。

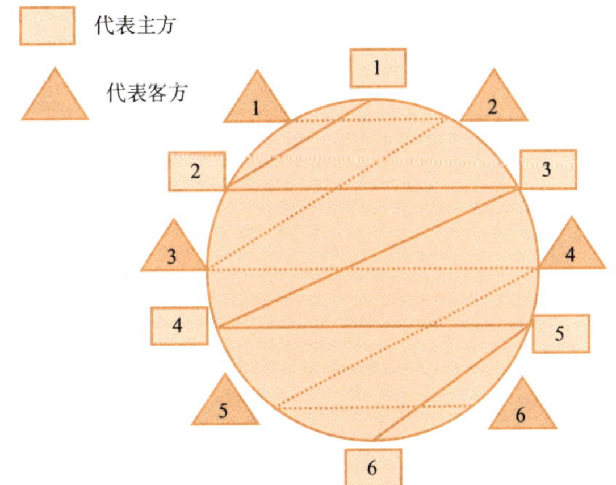

图 4–6 圆桌排位方式之一

二是主人1号和主人2号分别在圆桌两头，客人1号、2号在主人1号左右，客人3号、4号在主人2号左右（如图4–7所示）。

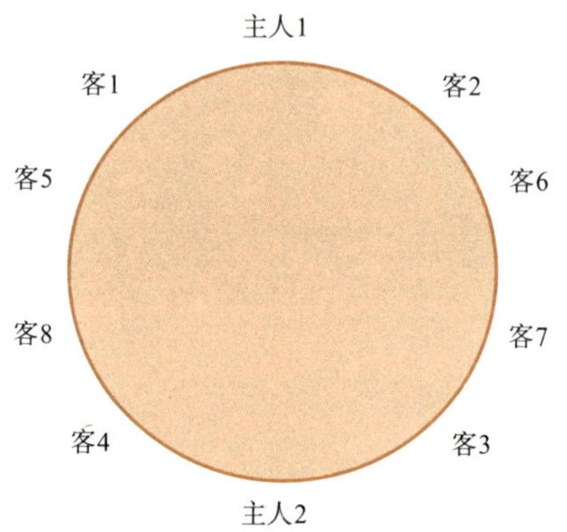

图4–7　圆桌排位方式之二

在宴会上我们同样可以用身份关联原则。如果大家希望在饭局上谈工作，排座位时，就把业务关联的两个人放在一起，这样能达到更好的交流效果。

如果宴会桌是方桌，可以让主人和客人分坐两边，1号在正中间，2号在1号左边，3号在1号右边，以此类推（如图4–8所示）。

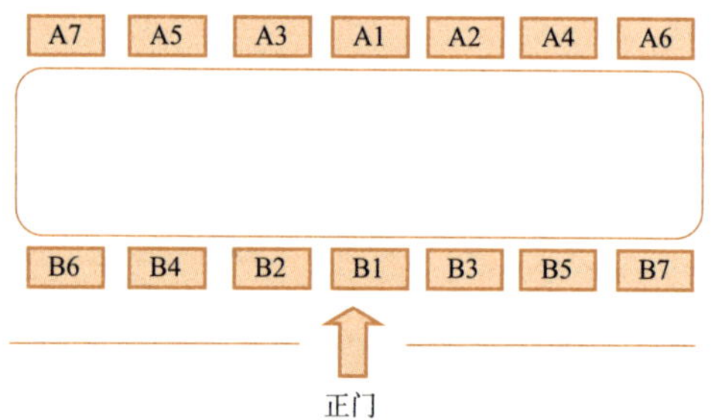

注：A为上级领导席，B为主办方席

图4–8　方桌排位形式

除了以上三个场合，还有一种比较特殊的场合，那就是多边活动。多边活动中，各方的客人都聚在一起，你要根据他们的综合状况，包括行政级别、资历、对企业的重要性、人物间的关联等多种因素来决定座位的排法。

我在多元化业务企业供职时，每次策划几百人的大活动，都很头痛如何排座位。每个业务部门的客户都重要，同时还有政府领导、公司内部领导。我们经常要给坐在前三排的上百名嘉宾排座位，第一排最中间的几个座位比较好安排，越向下延伸越难。第一排边缘还是第二排正中让嘉宾感觉更好一些？我更倾向于中间。但这其实因人而异，无法下定论。

介绍完了这些活动场合，我们来了解排座位的具体方法：

做大活动，排座位应该分成三个阶段。

（1）根据客人的初步确认情况排出初步座席。

（2）活动前一天根据客人最后的确认情况排出最终版本并制作名卡。

（3）活动开始前，项目负责人根据现场情况进行最后微调。

最后一项非常考察项目负责人的能力，有时个别嘉宾临时缺席，那就要马上调整；有时将排位图事先发给一些嘉宾后没有人反对，但嘉宾到了现场后发现座位不合心意要求调换，这可是牵一发而动全身的事，一个位置的改变会导致所有位置都要进行调整，稍有不当就会在现场引发混乱。

我们在策划活动时，最大的挑战就是应对临时变动，没有极大的耐力和定力将很难处理这些变化。

北京奥运会期间，我供职的GE公司全球董事会成员到北京看奥运。我们在人民大会堂举办了一场大型客户招待会，参加的100多人都是国企和大型民企的CEO，还有政府官员和大学教授。

来自美国的董事会活动协调部门要我们提前两周把所有座位排好，为每一位客人订制一张精美的介绍材料，写上与他同桌的所有客人的名字，还有紧挨着他的两个客人的详细个人简历。

这样的想法虽然很好，但我们向美国同事解释，提前制作材料并不可靠，因为中国客人不到最后一刻不会正式确认出席，即使是确认了也会发生变化。比如某家公司CEO缺席转而由副总代表出席，那提前准备的个人介绍材料就作废了。我们能做的，就是在变动之后，用最快的速度将秩序恢复。最后，我们还是根据活动头天晚上客人的确认情况，当天临时摆放、调整座位，我们发现一位刚确认参加的中国国企领导跟公司一位董事都是耶鲁大学毕业的，便把他们两人的座位安排在了一起。

以上就是座位安排的具体方法。座位安排是公关活动最难处理的问题之一，我们要遵循行政级别、地位对等和身份关联三个原则，并对公司业务、社交礼仪、老板的习惯、客人的习惯等有绝对清晰的认识。当然，更重要的是应变能力。计划赶不上变化，我们要眼观六路、耳听八方，遇到问题第一时间妥善解决。

像照顾孩子一样照顾嘉宾

一般来说，活动的嘉宾通常都是地位较高、成就较大的人，所以为他们提供周到的服务是对他们应有的尊重。我们作为活动策划者，做好嘉宾的招待服务工作，不仅能树立良好的企业品牌形象，更可以为我们自身的形象加分。

嘉宾的身份类型

嘉宾的招待服务工作涉及几个方面，首先我们要明白嘉宾的身份有哪几类。

1. 行政级别比较高的人 对小企业来说，打交道的可能是政府的处长；对大企业来说，可能是市长、省长或者部长。

2. 在专业领域声誉很高、影响很大的人 比如专家、学者、记者。

3. 公司内部的领导 上面这三种都是举足轻重的人物。有时你会感觉他们谱儿大，是因为他们会有这种意识："我不是为自己，我代表某级政府。""我不是为自己，我代表某个行业。"所以我们在活动中，要提供符合他们身份地位的接待方式。但无须压力过大，因为

他们有两个普遍的弱点：怕自己被轻视，怕自己做错事。

嘉宾招待的标准

越是重要的人越不能有任何差池。所以作为招待方要在活动中帮助他们规避错误，比如提供充分的活动信息、细致周到的后勤服务等。有时你觉得嘉宾看起来很难接近，但其实他们很简单，需要你的照顾。

照顾的标准参考两项：一是嘉宾的行政级别规定他能够享受的待遇，二是行业和他本人约定俗成的待遇标准。

不同行政级别对应的待遇，政府有明确的规定，要按级别选择飞机舱位以及酒店，此外，中央还审议通过了“八项规定”。

约定俗成的待遇很难把握，比如有些行业的记者存在地位划分，有一定影响力的大牌记者会要求某些特殊的待遇，比如酒店单人房间、飞机公务舱等。如果不清楚，可以多向相关人士请教。

站在嘉宾的立场，我们需要做什么

确定好给嘉宾的待遇标准，接下来让我们换位思考，从嘉宾参加活动的视角，看我们应该做好哪些事情。

1. 出门前准备（主要是服装）

难道嘉宾穿什么衣服我们也要管？没错，嘉宾的着装是必须要提醒落实的。在西方国家参加活动，邀请函会把着装要求写得很清楚，如礼服、正式公务装、公务型便装、便装、主题风格服装等。我们同样如此，一定要提醒嘉宾注意着装。很多嘉宾不注意这些细枝末节，穿着很随意地出现在西装革履的人群中，显然十分尴尬。

有家企业组织活动时，剪彩的领导都穿西装，可是有位领导刚出完差直接从机场赶来，没带西装，助理就问好领导的型号，在附近的商场买了件西装等他。

我在外企工作的时候，外国人偏好穿西装。一次夏天去参加客户的活动，领导们一下车，我们就让他们把西装外套和领带都脱掉，只穿衬衣进去。因为我们早与客户协商完毕，举办活动的室内按国家标准温度调到 26 摄氏度，如果穿全套西装、打领带，太热。最后大家都穿着衬衣，既不会显得突兀，合影时也整齐划一。

2. 出行安排

出行安排包括本地交通，飞机、火车等长途交通，接机接站，住宿，餐饮等安排。

我们要特别注意接机接站，需要嘉宾到外地出差时，国内企业的服务一般十分周到，都是派公司的专人专车接送；外企有时不是很在意，会让酒店接送嘉宾。

在我策划某个活动时，同事告诉我某位政府研究机构的专家发火了，说他应邀而来，在机场却没有人接，到了酒店也没有饭吃。

我立刻了解情况，发现是因为公司的人手太紧缺，就让酒店派了最好的车去接，但酒店经理走错了路，没能接到领导。

我接着询问："饭为什么不安排好？" 同事说："我让领导去餐厅自己点餐，所有费用由公司承担，但是被他拒绝了，他说他吃过了。"

我听后便明白了，这体现了重要人物的基本心理——怕被轻视。

其实从传统礼节的角度来讲，不管嘉宾是否要吃饭，用餐时间一到，邀请方一定要安排嘉宾就餐。如果嘉宾推辞也要继续安排，而且要安排相应级别的领导陪同。无论嘉宾用餐与否，我们应该做的一定要做到位。

3. 活动现场安排

现场安排有三项基本工作。

（1）准备嘉宾讲话稿、讲话时需要播放的PPT或视频。为嘉宾提供的话筒、翻页器等设备都要确保正常。

（2）安排好嘉宾的座位，主要按照前面讲的行政级别、地位对等和身份关联三个原则安排嘉宾座位。

（3）帮助嘉宾与人交流，作为东道主，要起到纽带的作用，将客人们一个个串联起来。一般这样的交往会发生在活动开始前的贵宾室。

在我主办活动时，每当一位嘉宾到场，我会先把他介绍给我们公司的领导。当公司领导跟这位嘉宾开始交流时，再把原来可能落单的嘉宾介绍给其他客人。为客人互相介绍，应成为品牌公关人的基本意识和习惯。无论是在公关活动中，抑或是与记者们吃饭，都要活跃气氛，引导话题，让每一位客人都不觉得被冷落。

4. 活动后跟进

活动结束后，对嘉宾持续跟进十分重要。如果没有业务往来，可以以公司领导的名义给嘉宾写一封感谢信。如果有业务跟进，在信中表明对合作的看法。为参加活动的嘉宾发去活动照片、讲话的反馈信息等也是必不可少的一项。活动后跟进可以帮助我们对活动进行持续传播。

总体而言，对于嘉宾应受的待遇，要考虑他的行政级别和嘉宾在行业中约定俗成的待遇以及个人要求。在接待嘉宾的过程中，要从他的出行前准备、路途中、现场和活动之后几个主要阶段考虑他的需求。这些需求细碎繁杂，非常考验品牌公关人员的意识和能力。

确保领导对外交往的效率与安全

我在GM担任公关经理期间，央视二套举办了一个座谈会，准备参加的都是汽车公司的领导。但当我为自家公司的领导安排这项行程时，他并不想去，因为参加座谈会的都是不知名企业，没有与通用公司平起平坐的大公司。

在当时，我认为自家领导级别最高，自然待遇最好，电视台采访给的镜头也最多，岂不很合算？后来我才明白，领导的想法恰恰相反：领导更注重级别对等。

为领导安排活动的原则

因此，为领导安排外部活动时有两个原则一定要注意。

1. 级别对等原则 领导所在的平台越大，对级别对等就应越重视。如果是小规模公司的领导，很多活动都要亲力亲为，所以可以不用太注重级别对等原则。

2. 身份关联原则 这项原则所有公司都适用。领导参加的活动，首先要与公司业务匹配。其次要考虑到领导个人的性格特点、社交圈、个人特长等，尽量让其参加与其自身匹配的活动。比如，一个正在监管产品的理工科工作狂人，让他参加时尚圈明星的聚会就不大合适。但有时因为业务需要，比如政府的活动需要领导参加，但领导没有与政府打交道的经验，这就需要品牌公关做很多准备工作。

领导参加活动时，要准备哪些信息

一般来说，品牌公关要为领导准备三类信息。

1. 企业核心信息

企业核心信息是领导在外的名片，是公关活动中最重要的信息。为领导准备企业核心信息，目的是为了让公司领导在各种场合传递这些信息，这就像我们在工作场合的“电梯谈话”，用简明扼要的语言把自己最想表达的东西展示出来，包括我是谁，我做什么，我有什么不同，我需要什么。

2017 年 1 月，人民网发布了这样一篇报道，题目是《李克强论虚实经济：总不能在网上骑自行车吧？》。文章的主要内容是李克强总理邀请 7 位不同领域的专家和企业家座谈，为政府工作报告提建议。其中总理与摩拜单车创始人胡玮炜有一番对话，胡玮炜告诉总理，摩拜单车在无锡每天生产 1.4 万辆自行车，她说：“我们主要是运营方式的革命，属于‘互联网+交通工具’。”

这就是领导参加对外活动时事先进行准备的效果，摩拜团队根据政府用互联网推动实体经济的想法，突出自己为自行车厂商带来的机会，甚至挽救了一些陷入困境的实体企业，引起了总理的兴趣。双方对话特别精彩，在人民网和其他媒体上有详细报道。虽然不是所有企业领导都能与总理对话，但是在领导参加对外活动时为其准备核心信息，是品牌公关必须完成的。

2. 参加活动的其他人物介绍

为领导准备好参加活动的其他人物的介绍，可以让领导在社交中游刃有余。

电影《穿普拉达的女王》中，米兰达是顶级时尚杂志的主编，她的助理是安迪。安迪随米兰达参加活动，当一个客人向米兰达走过来时，安迪就迅速在她耳边讲出这个客人的姓名、职务、背景、与公司的关系。米兰达掌握信息后，与客人交谈时，往往有出其不意的效果。

这种戏剧化的场景实际上在我们的日常工作中并不少见。我们要为领导准备出关于其他客人的详尽材料，可以有效避免错误，让领导的社交效率提高。

3. 对外交往的风险

我们要将活动细节梳理好，并告知领导可能存在的风险。比如活动现场有记者，老板的讲话可能被媒体报道。

我曾经遇到过这样的情况：媒体报道我所属的公司可能收购某公司，还引用了我们公司领导的话。事后领导说，这些话是他在活动中与其他人闲聊时所说，当时他并不知道旁边还有记者在旁。

这就是没有事先提醒领导的弊端——让不恰当的言论流出，而且很难补救。

以上就是品牌公关要为领导准备的三项基本信息。除此之外，如果你身处大公司，领导影响力较大，还要做好更多细节工作。比如座位安排，作为主人应如何排座位，我们在以前的内容中已经讨论过。如果领导是客人，你要了解活动现场、宴会上领导的座次是否符合级别对等和身份关联原则，查看活动是否设置有贵宾室等诸如此类的细节。

跟随领导活动现场的准备工作

很多时候，我们需要跟随领导去活动现场，这就要准备以下几项工作。

1. 保证领导在抵达活动现场的第一时间见到你

对于大人物而言，他的一举一动都备受瞩目。正因如此，大人物贸然闯入一个未知的场景后，其实他是无所适从的，不知道与谁接洽、不知道和谁握手，甚至会有人要求合影，还会有记者围堵采访。所以大人物在陌生的环境下，会尽量减少与外界接触。

有一次我与领导一起参加活动，领导坐车提前到达活动地点，但我还没有到，于是领导坐在车里，让车在周围兜圈子直到我出现。

2008 年北京奥运会期间，我们公司作为赞助商邀请国际奥委会主席罗格参加品牌展厅的开幕式，距离活动开始还有 45 分钟时，我们正在调试设备，看到罗格的车到了，可是我们负责迎接的领导还没有到，我作为公关总监，就跑过去准备迎接，但是发现罗格并没有下车的意向。最后他在车里坐了 15 分钟，直到国际奥委会市场部官员到了现场把他接出来。

领导贸然闯入陌生领域可能面对的风险有：被不认识的人骚扰，被记者堵住进行拍摄、提问，应该认识的重要人物没认出来被人嫉恨。

与领导一起参加活动，你要时刻记住你是领导的引路人，要让领导在第一时间看到你，才能避免意外情况发生。

2. 检查活动的细节

请留意领导的座位位置、名字以及职务是否正确。我不止一次发现活动现场领导的名字或者职务被写错，只能现场修改；有时还会在品牌公关会现场发现领导的座位与竞争对手的座位相邻，也只能临时调整开。这些都是我们需要注意的细枝末节。

3. 重要信息备份

重要信息包括领导的讲话稿，关于公司的重要数字、信息，甚至是与活动相关的政府新政策等，防止领导在需要信息时捉襟见肘。如果领导需要讲话，我们可以携带一份打印好的讲稿，以备不时之需。

产品发布会的九页 PPT

组织产品发布会，需要我们做出整体规划，如果通过PPT的形式呈现，这个文件中需要包含以下内容：

活动目标和目标用户

在很多品牌公关人眼中，PPT的开头几页大多千篇一律，基本上目标都是提升某某品牌在用户中的认知，目标客户都是政府官员、客户、业界领袖、媒体和消费者。其实不然，每一个优秀的业务战略，它的每一次传播活动都有专属目标，可以针对某一个特定目标群体进行功能展示活动。

以医疗设备行业为例。某次产品发布会的目标是展示XYZ血管机在冠状动脉介入手术治疗中的新功能，为产品在一年内覆盖顶级三甲医院打下基础。目标客户是三甲医院心内科医生、产品经销商和中华医学会心血管分会专家等。

产品发布会的目标群体也可以是很广泛的受众，比如新款手机产品的发布会，请几百甚至上千人同时参加，一次发布会就能造成广泛的传播效果。

核心信息

核心信息是产品发布活动的中心部分，所有创意设计、讲话、新闻稿都要围绕这一点。比如，因使用超级芯片而使反应速度超过竞品50%的手机，新型断路器可以用互联网远程控制，新型充电桩根据梯级收费时段自动选择电动汽车的充电时间，中国第一款七座家庭轿车等，诸如此类的都是产品的核心信息。那么，如何提炼产品的核心信息呢？

1. 竞争对标 了解竞品的弱点，强化自己的优势，如技术优势、历史传承和市场覆盖率等。

2. 市场调查得到的消费者需求和偏好 比如能够帮助醒酒的蜂蜜水，对于经常宴饮的人来说十分实用。

3. 引领未来的革命性创新 比如当年iPhone作为无键盘的触屏智能手机发布，翻开了智能手机历史的新篇章。

资源配置

有了上面这些基本要素后，就可以开始利用资源帮我们完成任务，这些资源包括创意公司、活动管理公司、公关公司等。

尽管在我们的认知里，应该先有计划后有预算，但在没有确定大致范围的情况下，乙方也无法进行服务。所以我们首先要做好申请预算的工作，比如论坛式活动的预算一般在50万元以内，汽车品牌发布的活动的预算在1000万元左右，有时会更高。我们要根据不同服务公司的能力和收费标准选择资源。

核心创意

有了大致的方向，确定了几个参加竞标的乙方后，我们就可以开始准备活动的核心创意。但要把握好创意和预算的关系，不要因为预算少就直奔最廉价的创意，也不要因为预算多就大玩风马牛不相及的东西。我在做甲方代表时，通常会让乙方做三套方案：最豪华的方案、有亮点而经济实惠的方案和只传播产品核心信息的方案。绝大多数领导会选有亮点而经济实惠的方案，让豪华的朴实一点，或者让朴实的再丰富一点。

议程设置

议程设置与核心创意有关，能够将活动流程更加细化，比如开场视频、CEO讲话、产品设计师介绍功能、用户分享产品使用经验或者代言明星出场。议程设置要充分体现活动的核心信息，并在各个环节向目标客户强化这一核心信息。

内容生成

内容生成是品牌公关传播活动的关键所在，包括发布活动的环节、领导和嘉宾的讲话、新闻稿、企业自媒体内容规划、合作媒体内容发布等。内容需要从不同的角度，用不同的形式体现产品的核心信息。

除了自主生产内容之外，对于B2C企业而言，针对消费者的产品发布，活动本身可以产生UGC（用户原创内容）。比如手机产品的粉丝会把会场大屏幕的金句拍下来，像雷军在大屏幕上打出的“将性价比进行到底”和罗永浩的“漂亮得不像实力派”，这些都在网上迅速传播。如果有明星在场，明星和产品在一起的照片和视频也会被粉丝迅速扩散。

现场管理

现场管理包括核心创意亮点的现场可控性、领导和嘉宾的接待工作、媒体的接待工作和座位安排等，这些都需要精心安排，面面俱到。

效果评估

效果评估包括以下内容：

（1）参加活动的人数、重要人员统计和行业代表性；

（2）重要嘉宾对活动的评价；

（3）参加人员在线上的后续行为，比如多少人在现场扫了二维码，在企业的微信和网站上有什么浏览痕迹等；

（4）媒体报道统计；

（5）自媒体和其他合作新媒体的阅读量、阅读效果、评论，以及是否根据内容进入了公司官网和产品页。

持续传播

持续传播包括在发布会之后产生的媒体深度报道、用户对产品使用的追踪报道等。比如汽车公司会在产品发布之后举办媒体试驾活动，有利于品牌的持续传播。

这些内容是一个产品发布会需要准备的基本思路和工作项目，熟练的活动组织者对这一切可能早已烂熟于心，但是对于刚入门品牌公关的同学来说，了解一个发布会要完成的调研、思考和行动，可以让你的思路更清晰，活动更高效，疏漏零发生。

优秀的行业论坛最终都能促进销售

企业不可能每天都吹嘘自己的产品，但宣传工作又必须进行，行业论坛便是一种不错的选择。通过行业论坛传播企业的行业洞察，可以有效提高品牌的行业影响力，保障品牌宣传工作的良好运转。

那么，应该如何举办一次有影响力的行业论坛呢?

确定论坛主题

论坛主题要结合企业的独特定位、业务需求和行业关注的热点，提出行业洞察。

行业洞察的来源主要有以下几个方面：

1. 国家政策导向 第一时间了解国家政策导向，可以帮我们更好地把握行业动态。平时多关注《新闻联播》《人民日报》《环球时报》这类权威机构发布的信息，对“区块链”“个税改革”“漫游费改革”“互联网+”“清洁能源”这些新鲜话题保持敏感度。

2. 企业独特的行业判断 任何企业在自己的领域里都有独特的经验与见解，比如材料公司可以告诉大家“未来的汽车钢板可以用更好的合金”；做发电设备优化的公司，可以说“新技术的使用，将让电厂的废气排放减少30%”；做数字科技的公司则可以说“新的网络安全技术，可以消除个人信息泄露的风险”等。这些都是外行人无法领悟到的独特的行业判断。

GE一直在为中国的海外工程公司提供发电设备和石油天然气设备，“一带一路”的实施，让GE从政策走向和公司业务战略层面得出了一个结论：GE可以在“一带一路”主题下，拥有更多的与中国客户合作的机会。由此，GE决定举办一场名为“‘一带一路’海外工程领袖峰会”的行业论坛。

3. 大数据报告　大数据是市场的科学反馈，从大数据方面分析行业趋势更令人信服。有些公司自己在做大数据，比如，百度有海量搜索数据、腾讯有海量社交数据、滴滴有公众出行数据、美团有上百个城市的餐饮和外卖数据……如果我们自己没有大数据，也可以与大数据公司或者媒体一起，进行行业趋势的判断。

议程设置

议程设置要考虑两个最重要的原则：一是论坛的日程要与公司战略相符；二是论坛内容要足够具有吸引力，能让大家主动来参加活动。

在进行具体的议程设置时，要保证每一步都与活动主题紧密相关，大致可分为以下八项内容：

1. 时间 论坛的时间与时长设定要考虑用户可以付出的时间和行业洞察的复杂性等因素。有些行业有特别要求，比如医疗行业，医生们只有周末能参加活动，所以医疗方面的行业论坛一般都在周末举行。

2. 地点 根据主题与人数来选择相应的地段、会场档次、会场布局的灵活性等，如酒店、会议中心、度假村等地点的选择。

3. 内容 根据论坛的主题，确定从哪几个层面展开话题。

4. 形式 以话题和内容确定论坛的形式是大会、分组论坛，还是两者结合。

5. 发言人 发言人应选择最适合主题和各个分话题的意见领袖和业界专家。无论是公司自己主办还是参加别人主办的行业论坛，都要争取能够让公司领导在论坛的显著位置发表自己的行业洞察。

行业专家的出席可以帮助公司建立更大的影响力，如果你的公司规模还不大，还没有获得专家的认可，不妨通过公关公司或者媒体来邀请行业专家。

6. 主持人 根据论坛内容、形式和风格，确定是邀请著名电视主持人、公司领导，抑或是行业专家来担任主持和串场。

7. 传播方案 可以邀请主流媒体和行业媒体参加，安排企业领导人接受采访，并利用自媒体做论坛的内容传播。论坛上嘉宾发表的见解，也是活动传播和持续传播的重要内容。

8. 获客方案 通过活动预热，让客人们现场扫描二维码关注公司及论坛。活动后通过跟踪潜在用户的线上行为和面对面拜访客户等方式获得销售。

且让我们还是以GE公司的"'一带一路'海外工程领袖峰会"为例。

时间：选择在一个工作日的全天。

地点：北京钓鱼台国宾馆，充分体现活动的较高级别和档次。

内容：讨论全球基础设施需求的变化、中外企业的合作模式、项目的融资机会和海外市场政治经济风险的规避。

形式：上午是大会，下午按照行业和地区划分论坛，包括发电分论坛、石油天然气分论坛、金融分论坛、非洲和拉丁美洲分论坛。

活动由GE公司和财新传媒共同主办。媒体出面，是为了吸引更多政府和国企领导参加，因为他们大多会认为参加一个外国公司主办的活动有替人站台之嫌，而媒体主办就显得活动更加客观中性。

发言人：有GE公司全球和中国区领导、政府前行业主管领导、中国海外工程公司领导、国外基础设施项目业主、银行和金融机构代表。

主持人：不请专业的主持人，而是采用画外音的方式报幕。这种主持方式，能够有效节约时间成本，将更多的时间留给嘉宾。

传播方案：公司用微信做了预热和当天的活动报道，邀请了20多家全国性媒体参加。财新网、凤凰网做了专题报道。媒体不仅采访了GE公司领导，还采访了中国最大的海外工程承包公司的领导，分享了在“一带一路”主题下中外企业的合作机遇。

获客方案：因为参加这次论坛的都是知名大公司，所以没有特别采用线上获取销售线索的方式，而是在活动后做客户拜访。

论坛效果：客户普遍提升了对GE公司的认同度，找到了彼此更多的利益结合点，GE公司的设备订单数比前一年提高了将近一倍。

论坛的组织和执行

活动执行包括如何为活动起名字，如何为嘉宾排座位，如何做好重要嘉宾的接待等，这些都在我们以前的内容中讲到过，同样可以运用到行业论坛中。

行业论坛虽然不是以销售为直接目的，但优秀的行业论坛最终都能促进销售。并且，行业论坛也可以为企业树立良好的品牌形象。

在行业展会中脱颖而出

行业展会是各行业定期举行的行业盛会，届时会有非常多的行业内外的企业、媒体、领导人参加，是各企业推广新产品、建立品牌形象的大好时机。

一般参加行业展会有这样几个目的。

第一，企业借助重大展会平台推出最先进的科技和产品。比如每年在美国拉斯维加斯举办的CES消费电子展、CES亚洲展、德国汉诺威工业博览会、巴塞罗那世界移动通信大会（MWC）等。在这些展会上，参展企业都会争相推出新产品。

第二，取得交易机会。利用业界人士对行业展会的关注，展示企业产品，获得接触潜在客户的机会以及交易机会。

第三，品牌曝光。参加政府主办的旨在推广当地经济的展会，可获得政府的认可和媒体的品牌曝光。

与企业自己进行产品发布不同，在行业展会中，所有的品牌，包括你的竞争对手都在一起展出，如何从中脱颖而出就成了一个极具挑战性的问题。

之前我们探讨过的产品发布会的思想内容，在行业展会中也同样适用，尤其是参展目的和核心信息。参展目的是主要活动动机，核心信息是所有设计和传播的基础。另外，像资源配置、内容生成、效果评估、持续传播这些因素也很重要，我们就不一一赘述。

接下来我们主要分析在行业展会中要特别注意的几个问题。

位置

房地产行业中有这样一个说法：好房子的三要素是地段、地段和地段。行业展会亦是如此，好位置能让我们的宣传工作取得事半功倍的效果。在选择参展位置时，我们会面临两个问题：费用和企业地位。

对于展会主办方来说，越好的位置展位费越高，而且很多时候主办方为了展会形象，会把重要位置留给知名度高的品牌。所以，我们想要得到这些位置，势必要支出比较大的购买成本。如果我们得到了很好的位置，为了将展位优势最大化，自然会在布置上更为精细，如此一来，建设成本也提高了。

在一些高级别的展会里，比如在乌镇举行的世界互联网大会，设置有专门的公司展示区域。展区中最醒目的位置是入口的两边，百度、阿里巴巴、腾讯、京东这些互联网巨头企业为了争夺这些展位，连第一位是哪家，第二位是哪家，谁与谁相邻，谁与谁斜对都要争论半天。

迈瑞是中国一家较为知名的医疗企业，他们的参展战术就是在任何国际大型医疗展会上，紧贴业界老大GE和西门子，其他行业中也都存在这样的展会贴身战术。就像与明星合照你也会获得曝光度一样，贴身战术可以有效提升企业的知名度。

展台设计

设计展台时要保证品牌形象的一致，色彩风格、logo等标识要统一。除此之外还要注意以下三点。

1. 展台要足够醒目，并具有吸引力 有的公司把展台做得十分高大，甚至logo大到将别的展位挡住。这种方法可以用，但在比较规范的展会中，展台的各种规格有着严格的限定。所以在规格上的设计是次要的，真正吸引人的是展台上的内容。

2. 展台的设计要不断创新 设计创新与费用息息相关，但越来越多的企业将自己的展台变成一处智能体验场所，使用VR（虚拟现实）技术还原现实场景，像海尔公司在2017年CES（国际消费类电子产品展览会）亚洲消费电子展上，把展台变成智能家居体验馆，既节省费用又还原场景，还省去了活动后的整理过程，可谓一举多得。

3. 展台设计要考虑展会的多功能需求 除了产品展示、观众体验和产品发布外，展会还有一个重要功能是客户洽谈。在巴塞罗那世界移动通信大会上，大公司的展台会设计数十个到上百个洽谈空间；在北京、上海车展这样的场合，也能看到大公司展台的二层都是VIP（重要人物）接待空间。

展台活动

展台活动主要包括产品发布活动、参观者体验互动活动、重要嘉宾接待、客户洽谈活动等。

1. 产品发布活动 在进行产品发布活动时，有三点要特别注意：一是产品发布活动简单直接，但受时间和场地限制，很难有震撼的效果；二是尽量争取黄金时间，最好是在展会开幕后的两个小时内。有的展会有协调机构，可以与主办方协商，如果主办方没有协调机构，经常会出现两个面对面的展台同时举办活动的情况，双方都将音响开到最大，结果现场一片噪声，毫无效果。三是尽可能争取到重量级的政府领导、专家和媒体参加发布会。

2. 参观者体验互动活动 主要是通过互动活动让参与者以扫二维码等方式留下信息，事后跟踪，获得一定比例的销售线索。

3. 重要嘉宾接待和客户洽谈活动 在展台设计充足的VIP接待空间后，在运营上保证重要嘉宾和客户在VIP区的方便舒适，安排适当的餐饮、礼品、产品介绍册等项目。

4. 与展会相关的新闻发布和专业论坛 展会是推出新产品、展示企业品牌、与行业客户交往的重要场合，很多公司会利用这一机会举办自己的论坛，与客户和专家一起分享行业见解，并发布行业白皮书。这就需要我们提前规划好各方面的事宜。尽量使用展馆内的会议厅，如果设施较差或者位置有限，抑或是被占用，可以在展馆旁边的酒店租场地举行行业论坛。

媒体采访

在展会上进行媒体采访，可以让记者更好地了解公司的产品和业务，特别是在企业有新产品发布时。但记者就如同展位，各个公司都会事先争取较好的记者资源。比如各大车展，因为记者资源的竞争过于激烈，很多厂家会把媒体活动放在展会开展之前，类似大众之夜、奔驰之夜、宝马之夜、丰田之夜、雪佛兰之夜，等等，这种做法会让很多记者的工作量大大增加。所以我们在确定进行媒体采访后，要尽快联系记者，与之沟通协商。

第五章／危机公关管理：一手烂牌照样能够赢得比赛

危机公关是品牌公关中至关重要的一项。在企业发展的过程中，挑战永远与机会并存，尤其在现代化商业时代，更多的危机和机遇并蒂而生，如果危机处理得当，自然花开满堂；如果危机处理不当，难免骨动筋伤。危机公关体现了企业在遭遇危机时的核心价值观与竞争力，做好危机公关，是所有企业必须学会的生存之道。

品牌危机像空气一样无所不在

品牌危机，这四个字在品牌公关中仿若洪水猛兽，令人谈之色变。尽管在人类源远流长的商业史中，品牌危机这个概念在现代才提出，但品牌危机在商业的萌芽阶段就已存在，并随着商业的不断发展而变换形态。

通常，我们可以将品牌危机理解为对企业的重大打击，并非是外界因素造成的，而是由于企业自身出现的错误致使企业公信力迅速下降，品牌形象毁于一旦，出现产品滞销甚至销毁等现象。其影响之巨大和后果之恶劣，令所有企业闻之色变。而危机公关就肩负着力挽狂澜的重担，将品牌危机的负面影响降至最低。

在新媒体时代，品牌危机不断升级，危机公关也随之出现了新的变化。我们用新闻的“5W1H”来说明传统媒体时代和新媒体时代的危机公关的特点与区别（见表 5–1）。

表 5–1　传统媒体时代和新媒体时代的危机公关

5W1H	传统媒体时代	新媒体时代
攻击源（Who）	明确的攻击源	攻击源不明
危机内容（What）	负面报道、重大事故，事出有因	负面报道、重大事故、社交媒体议论，事件可能子虚乌有
传播方式（Where）	直线传播，易于追踪	旋涡传播，难以把握
持续时间（When）	迅速解决或长期发展	迅速聚集，迅速消散
危机原因（Why）	内部管理、市场环境	内部管理、市场环境、恶意攻击
应对方式（How）	正式声明、新闻发布会、媒体沟通	直接加入混战、媒体防护矩阵

且让我们分而论之：

攻击源（Who）

传统媒体时代，信息传播媒介较少，发布渠道比较单一，如果出现负面报道，我们可以轻易追查出源头。我曾多次因公司的负面新闻到报社总编辑的办公室，要求对方停止对企业相关负面新闻的报道，或者更正已经刊登的负面新闻。可在新媒体时代，信息量爆炸性增长，信息源繁多复杂，根本无迹可寻。

2017 年 8 月，南方航空在网上发了一篇表扬稿，名为《只要前 11 排座位的旅客——为政府执行要务护航》，文中讲述了南航西安分公司的员工为西安市党政代表团 60 多人的出行提供特殊服务。

文章发出后被迅速传播，引起大量自媒体攻击，甚至官媒也发出了批评声音。众多网友开始质疑并声讨政府。

随后南航发出声明，解释表扬稿是误发，事实上政府代表团出行没有违反中央“八项规定”，只有市委书记、市长和政协主席三人是副部级，按照规定乘坐了公务舱。之后西安市委、市政府也采取高姿态，表示“欢迎舆论监督”。南航的表扬稿让西安市委、市政府莫名地背上了罪名，这就是一个典型的“城门失火，殃及池鱼”事件。

危机内容（What）

典型传统媒体时代的危机，比如英国石油公司（BP）的钻井台爆炸，严重污染了美国在墨西哥湾的沿海地区；央视“3 · 15 晚会”曝光批评苹果、麦当劳、耐克这样的大品牌的产品和服务等，标志是重大事故和媒体负面报道。

而新媒体时代的危机，往往会让你措手不及。比如网上突然传出你所在公司的董事长被限制出境的言论；公司下周就要融资，各大自媒体营销号突然开始攻击公司，指责公司的产品与模式等。这类危机发生前没有任何征兆，需要品牌公关迅速反应、果断执行。

传播方式（Where）

传统媒体时代的传播方式呈直线型。我在传统媒体时代遭遇过的最严重的危机，是国家质检总局点名批评公司的产品质量差，当时所有官方媒体都报道了这件事，但简报公司数据显示，近千家媒体转载，每一家都有名有姓，且新闻来源都是国家质检总局。传播过程非常简单。

但新媒体时代的危机，如果精确追踪，你会看到一个话题的传播在某个点或某几个点突然引爆，传播路径很难把握。

持续时间（When）

传统媒体时代，比如被央视“3 · 15 晚会”曝光的企业，处理危机的一般方式是迅速道歉，迅速整改，危机持续时间适中；有些事件，比如BP的墨西哥湾漏油事件，影响方面较多，会持续比较长的时间。

而新媒体时代的危机，仿佛是夏天的雨，来也匆匆，去也匆匆。一个事件瞬间爆发然后迅速被另一个事件取代。

有时企业的危机较小，我们可以采取冷处理的方式，静观其变。因为在信息爆炸的年代，很可能你的品牌危机在第二天就被“五星级酒店不换床单”“朝鲜核试验”这样的新闻盖过。

危机原因（Why）

传统媒体时代，企业的危机 90% 以上来自内部管理，10% 以下是意外事件。比如大众汽车排放造假事件和三星 Note7 手机电池爆炸事件，都是由内部管理不当引起的，而日本福岛大地震引起核泄漏，强生泰诺胶囊被人放进氰化物导致 7 名消费者死亡等事件则属于意外事件，企业无法预料。

新媒体时代的危机，恶意攻击可能会占半数以上。有的企业把公关作为一种商业武器，用扩大负面事实、推动负面新闻传播的方式攻击竞争对手，俗称“黑公关”。这种方法正在被越来越多的企业效仿，成为新媒体时代危机的一个标志。

应对方式（How）

传统媒体时代的危机应对，如同指挥正规军，站好队列、摆好武器、备好弹药、发信号枪，有秩序开火还击，比如发表正式声明、召开新闻发布会、与媒体沟通等。

而新媒体时代的危机应对有时像打群架，毫无章法，毫无战术，只存在肢体碰撞的野蛮冲突。虽然也有新闻发布会等应对方式，但更多时候是对战双方直接在自己的微博、微信上隔空喊话，有的还能理性辩论，有的干脆就是打口水仗。这样的方式可能显得泼皮无赖，但大众的关注度也会随之提升。

真正好的危机公关，是在危机发生前就将之化解。在我 20 多年公关生涯中处理的危机，可能还没有现在互联网企业一年遇到的危机多，除了个人原因，一个更严峻的问题是：**在我们身边，危机已经像空气一样无处不在**。

危机预防体系：危机管理的坚墙厚壁

很多企业往往会将目光更多地投向危机公关的事后措施，忽视危机的事前预防。事实上，建立一套企业的危机预防体系并及时处理危机至关重要。一般来说，企业的危机预防体系包括三个重要领域。

价值观

我们常说某个企业很差，不是因为产品不好，也不是因为它的员工不努力，而是因为整个企业没有一个良好的价值观，没有向心力和凝聚力。尤其是出现意外时，**外部的狂风暴雨还没袭来，内部就先相互拆台**。每个部门都在逃避责任，闪烁其词。这样的企业，不仅大众无法认可，恐怕企业自己都不认可自己。

一个优秀的企业，必然尊重普世价值，把公众利益放在首位，坚持诚信合法经营。一个优秀企业的领导层必然会紧握道德与法律准绳，以身作则。

上汽通用在 2017 年根据《缺陷汽车产品召回管理条例》的要

求，向国家质检总局备案了召回计划，决定自2017年8月4日起，召回2016年6月6日至2016年12月6日生产的2017年款别克全新一代GL8汽车，共计6451辆。原因是电子转向助力标定软件问题，可能导致部分车辆行驶时电子转向助力系统报故障码，在特殊情况下，还可能导致车辆电子转向助力失效。因此，上汽通用将故障车辆召回，并对其电子转向助力标定软件进行升级，以消除安全隐患。

上汽通用严格遵守行业标准与道德准则，出现纰漏积极补救，这才是消费者选择继续信任它的根本原因。而在之前震惊全国的三聚氰胺事件中，某些乳制品企业为谋利益不择手段，失去了基本的价值底线。在这种情况下，即便进行危机公关，也很难令大众信服。

危机公关是企业在重要时刻所体现出的价值观与核心竞争力。我们经常会调侃某某企业的危机公关很差，某某企业的公关部门不称职等，其实危机公关差的主要原因是企业没有正确且强势的价值观，这才导致出现问题无人承担，最终让公关部门背下罪名。

危机管理流程

危机管理流程包括：危机管理手册、内部协调机制和危机管理定期演练。

1. 危机管理手册

做好危机管理手册是防患于未然的关键。有的企业将手册做得很全面，包括企业风险分析、潜在危机领域、危机管理不同领域的主要责任人和职责、全员危机意识的普及等。

通过制作危机管理手册，梳理危机管理的思路，让企业上下对危机有一个基本认识。**危机管理就像城墙壁垒，准备越充分，壁垒就越坚固，被危机冲破的可能性就越低。**

2. 内部协调机制

企业在危机中表现失常，一方面可能是因为价值观不强，另一方面是因为技术层面上缺少内部协调。

如果危机公关没有一个高层领导坐镇，职能部门的意见就很难统一，从而可能向外界传递错误信息，贻误战机。比如遇到产品质量问题时，质量部不承认，公关部提出要公开道歉，政府关系部要听政府的意见，销售部怕影响业绩，法律部说道歉的范围必须清晰界定……七嘴八舌，一团乱麻。这时必须有一个在这些职能部门之上的领导，根据企业全局拍板定夺。

这个领导就是危机管理的责任人，可以是CEO、COO（首席运营官）或者一名能够指挥管理包括品牌公关、政府关系、市场、法律、运营、销售、人力资源、质量和安全管理、财务等所有职能部门的人。

3. 危机管理定期演练

很多企业实际上都有较强的危机意识，我曾任职过的几家大型企业都会定期召集各部门负责人，模拟危机状况，演习应对措施，比如产品质量危机、自然灾害导致公司运营中断等。更逼真的是在半夜把高管从睡梦中叫醒，说："出事了！你赶快到现场处理"。

在危机管理中，员工的作用非常重要。现在社交通讯手段极为发达，很多企业都用微信、钉钉进行工作交流，但在一些特定情况下，重要信息不适合用文字形式传播，为了不留痕迹，最好用电话或口头传达。

外部资源

1. 政府资源

外部资源包括政府、媒体、行业协会、意见领袖和公关公司，其中政府资源最为重要。企业在遭遇危机时，政府部门的意见往往是那压死骆驼的最后一根稻草。

2017 年，共享经济席卷全中国，共享单车的身影迅速在各地出现，随后，共享电单车也应运而生。但显然共享电单车的发展并不如共享单车那样顺利，先是蜜蜂出行和易佰客两家的共享电单车因不符合国家标准，存在 5 类安全隐患而被政府叫停。后来又有小蜜共享电单车刚开始运营就被叫停。

国家对于电单车的严格规定与政府的精准把控，让那些想在共享电单车领域分一杯羹的大部分创业者，满盘皆输。共享电单车的创业者们并没有向政府输出自己的理念，没有让政府理解自己的产品，所以在危机发生时，他们甚至连改过的机会都没有。

与之相反的例子是，某著名的化工企业发生了爆炸事故，政府本来可以要求整个工厂停业整顿，但由于这家工厂是当地安全生产先进企业，管理一直很好，于是政府就要求工厂停掉出事的生产线，其他部分照常进行生产。

由此可见，在企业与政府之间架起沟通的桥梁，让政府理解并信任企业，甚至可以让他们在关键时刻出手相助。当然，**做好与政府的沟通工作，并非是让我们存在逃避责任的侥幸心理，而是希望在风雨飘摇之际，企业不会迎来政府方面的致命一击。**

2. 自媒体矩阵

除了传统媒体关系，很多企业建立了内部和外部的自媒体矩阵，保证在危机中能够顺利发出自己的声音，有些大企业甚至自己购买和运营了很多自媒体账号。

3. 公关公司

我们也可以向从事危机管理工作的专业公司求助，一些比较大的公关公司有很好的资源，这对大企业来说助力颇多。小企业可以建立自己的管理体系，没必要雇佣大型公关公司专门处理危机。在遭遇重大危机时，有经验的公关公司和前媒体人的策划工作室，都可以为你的危机管理提供有效的建议。

4. 舆情势能判断

此外，品牌公关还能做而且必须做的是：通过“舆情势能判断”给予管理层必要的警示。最典型的如2016年的百度“魏则西事件”，从年初的血友吧被卖，到公众长期对医疗竞价排名持有意见，再到国家领导人在高层会议上不点名地批评“做搜索的不能以给钱多少作为排位标准”，舆情对百度的不利状况已经升级到高危状态，此时百度的公关部门理应对公司的管理层给予足够警示，而不是任其发展蔓延，最后一发不可收拾。当然，领导听不听要看领导的水平和个性，这也能反映出公关部在公司的地位。

2018 年 5 月 6 日凌晨，空姐李某某通过在线约车平台滴滴预约了一辆出租车自郑州航空港区赶往市里，结果被该车司机残忍杀害。一件看似偶然的命案，却直接引起了公众对滴滴的全方位质疑，包括顺风车产品设计、法律、道德、广告宣传方式等方面，滴滴经历了一次危机公关大考。

据舆情监测数据表示，该事件发生后，在微博、微信、头条、知乎四大平台上，关于滴滴的内容传播度在 5 月 11 日达到顶点，公众对滴滴的好感度也同时降到最低点（见图 5–1）。“安全”这个词在舆情监测中猛烈跳出，理应引起企业公关和管理层的重视。

数字品牌价值及三维度

- 由5月5日–5月11日的单日DB值数据可看出，滴滴出行在四大社交媒体平台上的单日DB值波峰日为5月9日，达到2,321,719.87，波谷日为5月11日，为–86,570,569。
- 5月5日–5月11日，滴滴出行在社交媒体平台上的内容传播度在5月11日到达顶点，好感度在5月11日降到–6196.7。

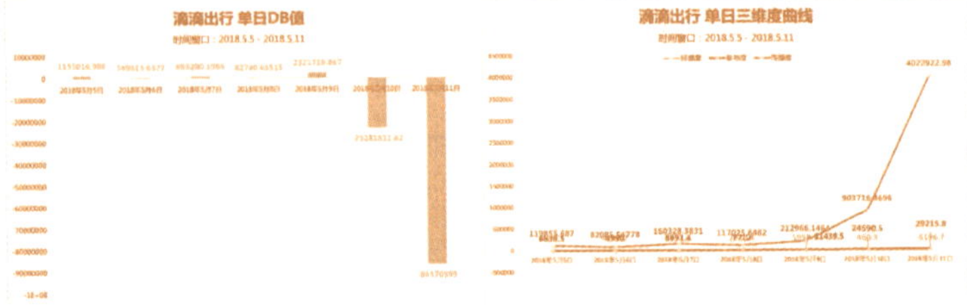

* 单日DB值指：当天新发布内容的传播度、参与度和好感度的综合计算，非历史累积。

图 5–1　滴滴出行舆情监测

同样，我们可以由滴滴联想到自己的企业，有哪些舆情的“呼叫词”，怎样的舆情势能分析可以为企业的危机预警提供线索。类似的呼叫词还包括：公平、致癌、腐败、双重标准、骗局、歧视、有毒、冷血、弱势群体、暴富……一个看似平常的概念，如果在某段时间内与企业和产品发生非正常的联系，就要形成危机预警。

有效应对：
一团乱麻往往会使后果更严重

遭遇危机时，切忌像无头苍蝇般乱撞，一团乱麻往往会使后果更严重。想要在第一时间化解危机，就要保证有健全的预防体系与高效率的应对方案。在2018年5月滴滴“空姐遇害事件”中，随后而来的关于顺风车产品的设计、法律和道德问题，从媒体报道的角度看来，都是由“至本报/网发布此文时没有收到滴滴的回应”引发。毫无疑问，滴滴公司公关部门的处置还是比较恰当的，千万不要就现在无法解释清楚的问题与媒体讨论。

如此看来，好像公关部门在危机发生时需要做的事情并不多，其实不然。滴滴公司的公关部门可能还默默地做了很多事情，只是没有告知公众而已。比如：

（1）了解顺风车产品设计过程中的所有问题。

（2）对舆情做密集监测和汇报。

（3）以不被轻易截屏的方式与员工沟通，告诉大家公司会统一回应，员工不要在朋友圈发表评论。

（4）了解政府关系部与监管部门沟通的立场。

（5）为可能发生的CEO对外沟通准备可选择的主题和信息。

（6）为公司深度表明立场准备可选择的媒体名单。

……

虽然企业面临的问题不尽相同，但处理问题的方式大同小异：确定事实——组成内部危机处理小组——选定外部资源——确定应对的基本立场，迅速评估利弊，获得外部支持——对外、对内发表回应声明——继续监测舆情和事态发展，准备进一步回应——就危机相应问题改进，持续沟通。

可能大家会问：都火烧眉毛了，还来得及做这些事情吗？事实上，完成这些流程，可能只需要半小时或半天时间。这些步骤的顺序，在不同的危机事件中可以有所调整，有些步骤甚至可以一带而过，但是不能完全忽略。以“海底捞”事件为例：

2017 年 8 月 25 日上午，《法制晚报》下属的“看法新闻”发表了一篇报道，内容是记者暗访两个多月，发现海底捞北京劲松和太阳宫两家店厨房存在恶劣现象，包括老鼠爬进装着食物的柜子里，清洁工具和餐具放在一起洗，洗碗机内部发出腐烂恶臭的气味，火锅漏勺用来清理下水道堵塞物。这条新闻的文字和图片迅速在网上传播，将海底捞推上了风口浪尖。

或许很多人都为海底捞捏了把汗，然而，在事件发生后的三个多小时，海底捞官方就发表了回应声明，网友总结了这份声明的要点：我有错，我会改，员工无须自责。

这一声明发出后，原本沸腾的民怨竟然奇迹般地平息了，甚至有不少网友开始帮海底捞说话，舆情反转之彻底，令人啧啧称奇。

而这一系列发展，甚至还没超过24小时。

海底捞回应如此迅速，难道他们没有完成危机处理流程吗？答案是否定的，海底捞肯定完成了危机处理流程，只是速度极快而已。接下来我们就从7个方面来分析海底捞是如何完成此次危机公关的。

确定事实

媒体报道言之凿凿，记者亲身卧底，有图与视频为证。海底捞领导在调查时，如果两家店的员工不是彻底否认，说明记者没有造假诬陷。事实的收集和确认速度很快。

组成内部危机处理小组

仅凭个人的力量显然无法在几个小时内完成危机公关。一个危机处理小组可以让大家提供不同角度的事实和见解，这对完善危机公关非常重要。

确定外部资源

在收集采纳内部意见的同时，向公关公司以及危机管理专家寻求帮助也很重要。公关公司掌握大量资源，可以为我们提供有效的公关渠道与手段，而危机管理专家则能提出更加客观专业的处理建议。

确定应对的基本立场，迅速评估利弊，获得外部支持

我们只能看到海底捞的声明，无法看到海底捞在整个事件中前后态度的确定。但换位思考，作为海底捞，必须在确定立场时反复考虑这场危机可能引起的后果：政府职能部门是否会要求海底捞其他店关店整顿，公众会如何反应——必要情况下要向政府通报。

虽然海底捞的处理过程我们不甚清楚，但从结果来看，它的基本立场十分正确，那就是诚恳认错，积极整改。看似简单，实际上不是每一个企业都有这样的判断力和决断力。危机公关的核心是价值观和领导力，那些在危机中扭扭捏捏、摇摆不定的企业，应该向海底捞学习。

对内、对外发表回应声明

海底捞的声明有对内、对外两个版本。

1. 对外声明 第一个声明是致“尊敬的顾客朋友”，主要用于表明态度——媒体披露的问题属实，公司深表歉意；愿意承担相应的经济责任和法律责任；已经布置整改，欢迎顾客监督。

2. 对内声明 第二个声明是致“海底捞各门店”，通知北京劲松、太阳宫两个店停业整改；所有监控设备硬件升级；告诉涉事的两家店的员工无须恐慌，责任由公司董事会承担。

以上两个声明，都是通过海底捞公司的官方微博发布，立场十分鲜明。需要注意的是，无论是对内还是对外，由于时间紧迫，当一个

声明不能完整表明公司的态度时，可以再发第二个，但两份声明的内容应该适用于任何人群。

危机回应声明是危机公关里最重要的环节之一，它表明了企业在危机中的态度、立场以及解决问题的方式方法。因为回应声明面向情绪激动的广大群众，所以每一句话都要滴水不漏。2017 年海底捞的道歉被众人接受，2018 年 5 月北大校长读错字后的辩解式声明却引发了更多批评，这就是好坏声明带来的不同后果。

我从事品牌公关工作 20 余年，依然认为自己的危机回应声明写得不够好。**短短一篇文章，处处是技巧与陷阱**。在下一节中，我将详细为读者朋友们讲述回应声明的写法，在此不做具体展开。

继续监测舆情和事态发展，准备进一步回应

很多人认为海底捞的回应是在博取同情，2011 年媒体曝光海底捞骨汤勾兑、产品不称重、员工偷吃等问题时，他们也是这么诚恳地进行回应，也获得了公众的谅解。

海底捞是否博取同情我们不得而知，但有一点可以肯定，海底捞发声明时，一定在担心公众的反应，更担心其他城市是否也有记者卧底，在更多的店发现并曝光类似情况，海底捞是否会因此遭受灭顶之灾?

这就要求公关部门时刻关注舆情发展，包括公众的态度、官方媒体的态度和政府部门的态度，还要时刻警惕新的负面事实被曝光，并提前做好被曝光的心理准备以及各种应对工作。

改进危机相应问题，持续沟通

海底捞的做法是，邀请顾客和媒体参观后厨，并允许拍照，其中很多照片被上传到网络。这就是关于问题改进的沟通，是危机公关的重要组成部分。类似的危机，比如肯德基和麦当劳曾被爆出食品卫生问题，二者也都是采用公开监督的方法进行形象修补。

7个步骤一旦走完，一次成功的危机公关便有很大概率随之诞生。**在所有步骤中，我们要格外注意第一步——确定事实。这是危机公关应对流程的头等大事，一旦出现错误，再多工作都是徒劳。**

回应声明：
字字千钧，句句金贵

危机回应声明直接关乎着我们自己与企业的未来发展甚至是生死存亡，无论哪个字稍有差池，都会立刻被揪出来大肆批评。只有当我们真正拿起笔时，才会感到字字千钧、句句金贵。

在现实的多数危机中，我们并不能直接看出企业在哪里出现了问题，危机通常涉及更多复杂的技术问题与法律细节。比如，食品中某种元素含量超标，新建的大楼存在辐射，刚推出的金融产品存在欺诈嫌疑等，这些情况确实很难用几句话把事实陈述清楚。

危机回应声明中的四大主要元素

对于此类危机的回应，要体现四个主要元素。

1. 事实　表明企业注意到了媒体报道。

2. 态度　说明企业对涉及产品安全、公众利益的事极为重视。

3. 原因　解释企业对于问题原因正在调查。如果查出存在不实报道，我们也可以采取攻击手法，指出有人在恶意操纵。

4. 措施　表示企业正在采取调查措施。对于恶意攻击，可以表明态度：企业已让律师准备文件，准备起诉诽谤造谣者。

一个包含了以上四大基本要素的危机回应声明，可以让企业在危机公关中迅速拿回主动权。除此之外，我们还要注意避免描述过多细节，防止过度承担，并且充分考虑行业影响。

案例：惠普的声明

以惠普笔记本事件为例：惠普公司在 2017 年 8 月 1 日发布暗影精灵 III 代 PLUS 游戏本，特别指出其采用双风扇 5 根散热管的散热设计。当消费者拿到手却发现散热管只有 3 根，一时间怨声载道。8 月 10 日，惠普电脑官微发布声明，表示对 2017 年 8 月 1 日到 3 日在大陆地区购买了该产品的消费者进行补偿（如图 5-2 所示）。

接下来我们就从三个方面来分析惠普的这份声明：

1. 避免描述过多细节

在上面的声明中，惠普对于虚假宣传是这样解释的："近日，惠普收到用户反馈，暗影精灵Ⅲ代PLUS 游戏本电脑宣传材料中散热管数量标注有误。我们立即进行调查，并发现内部资料沟通中出现了失误。对此，我们诚挚地向广大消费者道歉。"

在短短不到 100 个字的内容中，惠普笔记本就将虚假宣传的事实与诚挚的态度表达了出来。简明扼要，是危机公关中对外回应的基本原则。而涉及公司内部运营的细节，可以不必向公众公开。

尊敬的惠普暗影精灵 III 代 PLUS 游戏本用户：

近日，惠普收到用户反馈，暗影精灵 III 代 PLUS 游戏本电脑（OMEN by HP Laptop 17-an013TX 和 OMEN by HP Laptop 17-an014TX，以下合称“产品”）宣传材料中散热管数量标注有误。我们立即进行调查，并发现内部资料沟通中出现了失误。对此，我们诚挚地向广大消费者道歉。

惠普在 2017 年 8 月 3 日发现此问题后，立即与电商合作伙伴通力合作，在当天更正了相关描述，并与购买此产品的消费者一一进行真诚沟通，说明情况。截至目前，我们已经得到了多数购买产品的用户的谅解。但本着对支持惠普产品的广大消费者负责的态度，惠普决定主动承担责任。对于自 2017 年 8 月 1 日产品上市至 2017 年 8 月 3 日期间在中国大陆地区购买了该产品的消费者，我们将提供以下两种补偿方案供选择：

1：用户可选择保留并继续使用产品。我们将在取得您的确认后，提供您购买产品所实际支付价款三倍的人民币补偿，以及额外价值 500 元的补偿。

2：用户可以选择退货。若您选择退回产品，我们将在收到所退回产品后一次性全额退还您购买产品所实际支付的价款，并提供购买产品所实际支付价款三倍的人民币补偿。

消费者即日起可以通过惠普售后服务电话 400-885-6616 按 3，进行咨询和登记。

惠普一直将产品质量，客户体验和满意度放在首位，秉承“创无止境”的态度，持续为消费者提供高品质产品、优质客户体验和服务！我们将继续优化内部的产品宣传资料信息确认流程，严格把关各渠道的信息发布环节，为消费者提供准确完善的产品信息。

暗影精灵作为惠普电脑的游戏品牌，自上市以来，受到了广大消费者的关注与热爱。我们为出现这样的疏忽再次郑重道歉，希望广大消费者可以继续支持暗影精灵游戏产品。

中国惠普有限公司

2017 年 8 月 10 日

图 5-2　惠普公司声明

2. 防止过度承担

在处理危机的过程中，公关应以“避免因回应不当引发更大危机”为基本目标，防止过度承担。

公关部门的责任是站在社会舆论的角度上为管理层提供明确思路。**即使在危机环境中存在“信息太多、考虑太多、领导太多、睡眠太多”等情况，公关部门还是要把好声明发布前的最后一道关，这考验的是公关人员的经验和职业敏感度。**

2018 年“空姐遇害事件”发生后，滴滴曾发布了一则悬赏百万元缉拿凶手的声明。声明中还公布了犯罪嫌疑人的身份信息。这则声明发布不久便被滴滴删除了。

滴滴的这则悬赏声明显然是不够成熟的，向公众发布一个未经证实的犯罪嫌疑人的照片和个人信息，同时也给滴滴贴上了一个它自己不想也不该承受的标签。尽管在该声明的措辞上谨慎地使用了“因涉及重要事项”，没有说“缉拿凶犯”，但难免给人一种矫枉过正、急于表现的感觉。

反观惠普，惠普在声明中提到了两种补偿方案，这两种补偿方案均有一个关键词“三倍补偿”。根据当时的报价，一台惠普暗影精灵Ⅲ代 PLUS 笔记本仅起步价就达到了 8999 元，三倍赔偿为 26997 元。如果你花费 10999 元购买了顶配机型笔记本，就将得到 32997 元的三倍赔偿。赔偿的标准只有两条：一是购买时间在 2017 年 8 月 1 日产品上市至 2017 年 8 月 3 日，二是购买地点在中国大陆。网友纷纷戏称：这是一台可以发家致富的电脑。

惠普这种豪迈的做法非一般企业能媲美，相比之下，耐克在

“3 · 15 晚会”被曝光其气垫鞋没有气垫后，所发声明中只字不提责任，只提“我们对此失误给消费者带来的困扰和不便深表歉意”，和“在协调过程中，因对外界沟通不及时和信息不全面而导致消费者产生顾虑或误会，耐克表示诚挚的歉意”。很显然，耐克闪烁其词的声明远没有惠普有诚意。

当然，这并不是要我们都效仿惠普采用高额赔偿的方法，毕竟不是每家企业都有惠普那样的底蕴。我们要将损失控制在合理的范围之内，防止过度承担。惠普虽然一掷千金，但其在进行赔偿时，也严格对消费者的信息进行核实，防止有人浑水摸鱼。

3. 考虑行业影响

我们在撰写危机回应声明时，还要跳出企业思维，站在大局上考虑行业影响。在群众思维里是存在“连坐”现象的，今天这家企业出现了问题，明天行业内那家企业也许会出现同样的问题。

惠普公司在声明的最后部分说:“暗影精灵作为惠普电脑的游戏品牌，自上市以来，受到了广大消费者的关注与热爱。我们为出现这样的疏忽再次郑重道歉，希望广大消费者可以继续支持暗影精灵游戏产品。”用诚挚的态度，再次表明道歉的诚意与改过的决心。作为全球首屈一指的计算机公司之一，惠普的一举一动都备受关注，尤其出现品牌危机时，惠普的公关不仅代表了惠普公司的责任和担当，更体现了互联网行业的核心价值观。

不请自来的媒体是你的面试官，群众就是评分人

在我们找工作之初，几乎每天都会奔波于各种面试之中，在工作稳定后，面试这一词就离我们越发遥远。而在品牌公关这个岗位上，面试远不止于此。在品牌危机发生后，**那些不请自来的媒体就是你的面试官，而广大群众就是你的评分人**。

想象这样一个画面：你所在的工厂出了事故，电视台记者闻风而动，堵在工厂门口，而工厂领导还没准备好接受采访，你该如何应对？

首先必须要保持一个冷静的心态，品牌危机出现，引来不速之客是难免的。我们就把它当作一次对我们公关能力的检验，切勿手忙脚乱，越描越黑。其次要注意这样几个问题：

原则上不要拒绝记者进入工作区域

在记者抵达你的公司后，将记者拒之门外并不是一个高明的做法，我们可以允许他们进入工作区域，将他们安排到舒适的会议室，用日常沟通语言缓解紧张情绪。除非是涉及商业机密的部分，否则不

要有阻挡摄像机的肢体动作。

我从新华社记者转职品牌公关时，刚上班三天就遇到一个危机。我服务的生力啤酒公司是中国奥委会合作伙伴，根据赞助协议，酒标上印有中国奥委会的标志。有群众反映，餐馆里喝完的酒瓶散落在桌上，而酒标上印着国旗，观感甚差。媒体报道称，这家公司涉嫌违反《国旗法》，应该遭到谴责。

事件发生后，北京电视台记者闯到公司要求采访领导。我出面接待时，电视台记者一行三人正在等待，摄像机就直直地对着我。我当时的表情是友好、严肃又凝重的。因为我明白，自己的一举一动代表着公司的态度，试想如果你的公司涉嫌违法，引起了众怒，你还能嬉皮笑脸吗？

后来我把记者引到公司内部，向他们解释公司正在了解相关情况，具体内容我无从得知，并请求："我们非正式沟通一下，您能先把摄像机关上吗？"终于，摄像机上的红灯灭了。

最后这个问题得到了圆满解决，公司与中国奥委会、国家工商总局广告司做了深度沟通，确认这是当年广告法的一个漏洞，后来中国奥委会启用了没有国旗的商用标识。在整个事件中，品牌公关代表公司呈现给记者的是谨慎负责、严肃认真的形象，避免了危机发酵对公司的二次伤害。

相比之下，苹果公司因服务问题被央视"3 · 15 晚会"曝光，最开始的道歉含糊不清，媒体穷追不舍，于是央视就播出了苹果员工伸手遮挡镜头的画面，指责苹果公司傲慢无礼，对苹果公司的形象造成了进一步伤害。

所以，面对记者的不请自来，无论事件原委如何，首先要保证态度端正，不能在镜头前落下把柄。

让最有经验的品牌公关人员应对记者

尽量不要让没有媒体应对经验的公司领导直接面对记者。**在媒体面前发声，特别是在进行危机公关时，一言既出，驷马难追**。如果有一步踏错，都可能为他自己和公司带来极大损失。

有一次，我所在的跨国公司的工厂里有 20 多名合同工没有被续约，这些都是服务多年的老工人，他们将此事上报给了电视台。我得知消息时，记者已经在路上。我立刻派遣一名以前做过记者的部下，并向他确定了几个原则:

（1）不要让厂长面对摄像机，因为我知道他没有经过媒体应对技巧培训。

（2）劳务公司的领导已经到了现场，他们与合同工有正式法律契约关系，先请他给记者介绍一下情况，解释《劳动法》的规定。

（3）帮助劳务公司领导谈核心问题，不要涉及我公司业务情况、产品与盈利等内容。

这条电视新闻播出后，基本上都是就事论事：工人投诉的经过、《劳动法》的相关规定和简单的事件评述。新闻中完全没有提及公司的任何业务状况。实际上，合同工不续约的真实原因是当时那个工厂的业务状况并不是很好，而我们不希望因为这个事件引发公众对公司业务的讨论。

发言人在迅速了解与危机相关的最新事实和立场后勇敢面对媒体

危机回应声明的四要素是事实、态度、原因、措施。在危机中应对记者的不请自来，多数情况下四个要素会是残缺不全的，如果事实还未浮出水面，在涉及法律和道德层面时，我们可以拒绝采访，暂时搁置。

但当公众利益受到损害时，企业的选择不应是等待，而应是积极应对。比如发生人员伤亡事故和重大质量事故时，企业就必须要站出来。在这种情况下，企业要保证对四个要素中的一个或者两个有非常明确的理解，事实不清楚时有态度，原因不清楚时讲措施。

发言人就是企业的五官，牵一发而动全身

企业新闻发言人，顾名思义，是代表企业发表信息和意见的人。**他将企业与外界的壁垒打破，建立起沟通的桥梁。同时，也将企业的生死荣辱绑在了自己的身上。**企业遭遇危机时，大众的炮火第一时间会落到发言人身上，而发言人的一举一动都备受瞩目。那么，作为企业的新闻发言人，到底需要哪些基本素质和沟通技巧呢?

清晰的口语表达能力

在公众场合将一件事情说清楚、道理讲明白实非一件易事。这要求我们思路清晰、表达流畅且没有过多口头语。对于企业新闻发言人来说，就是要明确讲话的核心信息，将关键要点与整体逻辑清楚地传递给大众。比如，在危机公关中你要说明事实、态度、原因和措施:“我们对发生这样的事故深表痛心，对公众造成的影响诚恳道歉，化学产品的泄漏已经得到控制，我们正在全力配合政府调查事故的原因，管理层正在对公司制度和流程进行深刻反思。”

口头语似乎是大多数人的通病，不仅在普通人中存在，很多企业高管甚至名人，也有在讲话中使用“嗯、啊”这样口头语的习惯。美

国Toastmaster（演讲俱乐部）的培训方法中，有一项专门记录演讲人使用的“嗯”和“啊”的个数。我们也可以把自己的讲话录下来，相信很多人都会吃惊自己使用“嗯”“啊”之类口头语的次数。过多的口头语严重影响演讲的流畅度，也让传播效果大打折扣，企业发言人在公开发言时要尽量减少这种情况。

持重亲和的外表形象

纵观国家领导人及各类政府机关的发言人，他们的形象无一例外都是稳重大气又具有亲和力。这些人站在公众面前，有种让人信服的力量。

我们在挑选发言人时，也要遵循这一标准，选择形象持重亲和的人。当然，也可以对发言人进行后天培训。先天形象无法改变，但我们可以改变一个人的精神面貌和气质特点。比如我曾经在一段时间里讲话特别严肃、呆板，经人指导与自我训练后，我现在讲话时嘴角会下意识上翘，给人的感觉好了很多。

广博的学识

发言人要对企业的相关产品、技术与相关政策法规有深度的认识。如果发言人的讲话肤浅无知或是出现技术漏洞，那无疑是自取其辱，对企业和发言人自身都是一种伤害。

强大的抗压能力

一般来讲，危机公关发言现场的气氛充满了不安、失望、困惑，甚至敌意，这就要求发言人必须具备强大的心理素质和抗压能力，在高压状态下依然能够清晰地阐述企业的核心信息。

以上四点就是企业发言人应该具备的素质，硬件条件满足后，发言人还要学会几个基本的技巧。

设置议题，主导对话

发言人不是回答人，作为发言人要学会主导对话。你要做的是确立表达主题，让所有内容围绕主题展开。比如，如果你想表达公司的战略是从线上电商向线下零售扩展，就要准备相关的事实和洞察，包括消费趋势调查、线下商业的流量和销售额的上升，表示公司通过收购已经具备比其他电商更有优势的线下能力。这就是设置议题，主导对话。

用“搭桥法”和“挥旗法”引导话题

如果记者没有按照你设置的议题进行提问，而是问一些风马牛不相及的问题，这时就要用上“搭桥法”和“挥旗法”。

1. 搭桥法

“搭桥法”就是把问题与你想表达的主题联系起来，然后开始讨论你想表达的主题。

比如你想谈论线下零售，可记者问你怎么看待北京雾霾，你可以接过话题：“雾霾确实是大家都关心的问题。”然后“搭桥”：“雾霾问题归根结底是一个平衡发展和环境的问题，实现环保的、可持续的发展是有远见的企业都关注的主题。”最后提出核心信息：“我们公司提出的从电商向线下零售转移的战略，就是一种新的可持续发展模式。”这时就将话题引到了我们要表达的主题上，接下来你就可以进行自己的叙述。

2. 挥旗法

“挥旗法”则是像导游带领游客那样，用挥旗的方法吸引游客注意。

继续刚才的例子。当记者问你怎样看待北京雾霾时，你可以回答：“你问的问题很重要，但是我们可以有一个不同的视角，就是经济的可持续发展问题。”接下来将话题引到正轨，从而上来将众人的注意力吸引过去。

3. 专注现有事实，回避假设性问题

很多记者为让新闻更有爆点，经常会给发言人设下陷阱。

比如你说公司的食品卫生完全符合国家标准。记者问：“假如真的有人吃坏肚子怎么办，你们会承担什么责任？”

此时经验欠缺的发言人就会掉进陷阱:“如果真的有人吃坏肚子,我们确定事实后会赔偿。”

记者追问:“你们赔偿的标准是什么?如果顾客吃了以后影响工作,损失了一个亿,你们如何赔偿?”

回答:“如果是我们的责任,那砸锅卖铁也要赔偿。”

这样一番对话下来,本来主题明确的发布会,最后新闻报道的却是企业如何赔偿一个亿。显然发言人是被记者有心引导,反而让事实淹没在了子虚乌有的事件中。

对待这种问题我们可以回避假设,专注于现有事实,表明自己的产品是合格的,品牌是优质的。如果记者穷追不舍,硬要让你回答假设性问题,你可以选择反驳他:“我已经强调过,我们要面对现实。并且我们对自己的产品有信心,公司有严密的措施保障食品安全。”发言人在必要时刻也需要表现得强硬一点,坚决不落入记者的圈套中。

企业新闻发言人是企业的五官,替企业观察,为企业传达。这个岗位上的人必须内外兼修,八面玲珑。成为一个优秀的企业新闻发言人任重道远,这是一门非常注重实战的学问,想要有所进益,必须在掌握基本技巧的情况下,多做实际演练。

产品质量危机的应对之道

在商业持续发展与商品形式不断进化的同时，产品质量危机也层出不穷甚至愈演愈烈。单单限定几种危机形式完全没有意义，因为它们的滋生和变化的速度快到令人应接不暇。本节要说的话题，就是如何处理产品的质量危机。

首先需要明确，**不是所有的产品质量危机都需要进行危机公关**。在关于产品的危机和准危机中，如果仅仅是一般性的对公司业绩和产品的主观看法，可以选择回应或者不回应。但是如果影响到了产品销售，那就一定要回应。

接下来我们通过三种情况来判断选用怎样的策略进行危机公关。

有确凿证据证明产品确实有问题

铁证如山，如果公司的产品确实出现问题，我们是无法推脱也无需推脱的。比如大众汽车DSG（直接换挡变速器）故障、三星手机的电池爆炸问题，冠生园把卖不出去的月饼重新制作出售以及影响全国乳品行业的“三聚氰胺事件”等，遇到这样的问题，只有一个方法：真诚道歉，积极改进，寻求谅解，重塑品牌。

质量或产品和服务的责任范围及事实真相有争议

这类情况属于产品确实存在问题，但范围很难界定，这就需要我们在危机公关中充分考虑谁出面声明、什么时间声明、对事实的描述方式、在什么范围内道歉，以及对何事道歉等问题。

2017 年 3 月 22 日，某著名演员投资的火锅店被曝出“用牛血兑水冒充鸭血，没有一滴鸭血”。随后有记者卧底火锅店，将“鸭血”从进店到贩卖的过程一一拍摄下来，并将两份“鸭血”送去检验，结果显示两份“鸭血”都是牛血。

事已至此，证据确凿，网友们纷纷声讨。不过随后某演员就在其个人微博上发布了道歉声明，声称自己平时较少参与管理，不知道这种情况的存在，并会在接下来的时间里加强监管。

虽然这篇道歉声明回应迅速、言辞诚恳，但却没有彻底平息大家的愤怒。原因是这家火锅店在成立之初，某演员就以“绝对安全、卫生、无污染”的噱头进行宣传，最后竟然出现了如此恶劣的食品问题，着实让人难以接受。而某演员的道歉中只字不提违背承诺的事，自然难以服众。

这一事件充分说明，明确“对什么道歉”是产品质量危机公关中的关键要素之一。

不明来源、竞争对手或媒体用缺乏说服力的事实攻击产品

面对不明来源、竞争对手或媒体用缺乏说服力的事实攻击产品，可以选择进攻型危机公关。

2017 年 5 月 23 日，“最生活”毛巾创始人朱志军，在企业公众号上发表了一篇文章，名为《致丁磊：能给创业者一条活路吗？》。文中指出网易严选的一款“阿瓦提长绒棉毛巾”和“与 G20[①] 同款”的广告语对“最生活”的产品构成侵权，并称“最生活”已经与网易严选进行了沟通，但未能得到理想回应。于是他们只能将此事发表在公众号上，希望通过舆论解决。

这篇文章被迅速传播，阅读量呈几何式增长。就在大家的质疑与愤懑声中，网易严选在 24 日发表长文《我有一个创业者的故事，你想听吗？》，文章中指出“最生活”毛巾创始人朱志军以前的抄袭经历，指责“毛巾事件”是对方监守自盗，企图通过诽谤网易严选为自己的品牌造势。同时表明，网易严选和最生活的供应商都是孚日集团，网易严选并未侵权。

事件的第一个反转热度未降，24 日夜，朱志军再次发文《致网易严选：你说我是“说谎者”，我只说些事实》，将剧情又一次进行反转，文中称 G20 的合作商并不是网易严选。25 日，著名营销人小马宋发文指责网易严选的公关文重翻对手旧账，是商业对垒中的胡搅蛮缠。因为朱志军之前的抄袭事件已经解决，旧事重提不能说明朱志

---

① 20 国集团，是一个国际经济合作论坛。

军这次也是错的。相反，孚日公司虽然是网易严选的供应商，但G20专属产品的名义不可以被随便使用。最终，小马宋还亮出了“撒手锏”——G20峰会办公室为“最生活”毛巾专属产品颁发的授权证书。

双方战火不停，孚日公司终于出面发表声明：其合作商“最生活”为G20峰会毛巾指定供应商，并希望网易严选最好不要在宣传推广中使用“G20”等相关字样。

事已至此，真相大白。然而在这一番交战中，作为理亏一方的网易严选却并没有遭受巨大损失。相反，在理直气壮的进攻型危机公关下，网易严选还收获了更多流量，借机推高热度。之后，网易严选顺势降价促销这款产品，还在网易云音乐平台专门发表了一首相关歌曲为毛巾做促销，一时风头无两。虽然看似有点“耍赖”，但是可以看到互联网时代新玩法层出不穷。

在所有不可控因素中，代言人永远是最不稳定的那一个

作为企业的品牌公关，我们会遇到各种各样的危机，有与道德、政治、产品相关的危机，也有特殊的危机，比如品牌代言人危机。时至今日，邀请各类知名人士为产品进行宣传已经屡见不鲜，但**在所有不可控因素中，人永远是最不稳定的那一个**。我们无法预料一个人今后的发展，也不能操控任何人的所作所为。

那么，当企业的品牌代言人出现问题时，企业应如何来应对?

发生品牌代言人危机，同样要在第一时间内确认事实，这是最关键的一步。代言人受关注的程度高、目标大，经常会有各式各样的负面新闻，在这些新闻里，有些是谣言，而有些可能是事实。由于我们不是代言人团队的危机公关，所以我们的主要工作是在企业遭遇品牌代言人危机时，迅速确定基本事实。

确认事实后，我们就从三种情况了解应如何解决危机。

道德危机

当代言人出现道德层面的危机时，品牌公关需要根据事实、企业

价值观与公众价值观的接受程度，选择对代言人暂停使用、低调处理或彻底停止使用的处理方法。企业也可以根据事态发展，选择被动声明或者低调处理。

1. 代言人触犯法律

法律是道德的底线，代言人一旦被证实违法，企业要迅速进行广告切割。

企业停止使用违法代言人，不仅表明了自身立场，更是为广大群众树立了守法榜样。

2. 代言人道德失格

与道德相关的出轨和绯闻事件最为常见，如果情况属实，企业也应在广告上迅速切割，避免在话题高峰期引发公众对品牌的负面联想。

2016 年国内某著名体育明星出轨被曝出，该体育明星自己承认并向家人和公众道歉，当时正值广州车展开幕之前，其所代言的某汽车品牌迅速在展会和各种宣传材料上撤下有其形象的广告。

尽管该运动明星已经致歉并获得了家人的原谅，但作为公众人物，他在一段时间里形象受损，企业当机立断，避免伤害品牌是必要的。

相比出轨，绯闻事件更加司空见惯，企业需要时刻紧绷神经。

2017 年国内某女明星被拍到与男模特在泰国亲密接触，其代言的品牌都十分紧张，但是当时有消息称她已经离婚。四天之后其配偶发声明证实两人已经离婚，本来新闻造成的严重负面影响瞬间减弱。

尽管消息曝出当天有些代言品牌暂时撤掉了该明星的广告，该明星的广告价值也受到了影响，但对企业品牌来说并非是真正的危机，可以选择冷处理。

这些都是基于广告方面的应对，品牌公关方面，企业最好选择被动应对：当媒体询问时，企业发言人简单表示态度，尽量避免在官网或官微上发表措辞严厉的声明。毕竟企业最初选择代言人，就是认同了他的基本价值观。代言人犯错与品牌连坐，**谴责代言人在某种程度上就是在谴责自己**，同样，支持代言人会引来更多议论。所以在舆情高峰时期，企业最好低调行事。

有一种特殊情况是明星不是产品的短期代言人，而是品牌的长期代言人。明星出现道德问题，品牌需要在明星的错误本身和企业认定的明星个人价值之间划出界线。

2009 年，国外某明星被曝出患有性瘾癖，与多名女性发生婚外关系，其长期代言的某运动品牌也受到世人和媒体的质问。对此，该运动品牌高管在接受媒体采访时传达的核心信息是：他是一个优秀的运动员，我们一起开发了非常出色的产品。但是发言人只讲该高尔夫明星的事业成就，对其他问题避而不谈。

这样的回应符合该运动品牌的理念——一直都把代言的明星运动员当成家人。他们犯了错，品牌不会遮掩，但也不会因此而抛弃代言人。该运动品牌认同了该明星的职业素质与个人价值，包容了他的错误。

政治危机

如果是明星本人的政治立场与代言企业的价值观相悖，企业要果断停用代言人；如果明星因为自己不能选择的国籍或者身份与企业的利益有冲突，企业可以停止使用代言人或者冷处理。这就需要企业做出正确决断。

2016 年，兰蔻在香港的团队邀请“港独”艺人参加音乐会。兰蔻的香港和内地业务属于不同的团队管理，这件事被《环球时报》点名后在内地引起公众抗议浪潮，后来兰蔻法国总部发表道歉信，表示不会邀请主张“港独”的艺人参加企业活动。

“港独”问题十分严峻，如果有人涉及，企业无须犹豫，要立刻进行切割。如果代言人不是因为政治主张而纯粹因为自己不能控制的身份造成不便，比如中韩关系因为韩国部署萨德导弹而恶化，影响到许多用韩国艺人代言的中国品牌。这种情况，只需在广告上低调处理，品牌公关方面也不必特别发表声明。

"产品"危机

代言人因为身体或者个人不可控的原因不能持续获得公众关注，这算不上真正的危机，但它考验企业的品牌实力。企业应该选择和代言人共渡难关，这样可能暂时损失商业利益，但会获得品牌声誉。

从 2008 年到 2012 年，一直坚持用刘翔做代言的品牌只有两个——耐克与可口可乐，都是美国公司。

他们为什么在 2018 年北京奥运会上刘翔遭到巨大挫折，商业价值急剧下降的情况下仍不离不弃？《商业周刊（中文版）》的一篇报道里有一句话："选择刘翔需要专业，不放弃刘翔则需要勇气，尤其是价值观。"

刘翔在奥运会上退赛后，耐克的广告是："爱比赛，爱拼上所有的尊严，爱把它再赢回来，爱付出一切；爱荣耀，爱挫折，爱运动，即使它伤了你的心。"

我们常说**锦上添花易，雪中送炭难，"卸磨杀驴"往往令人心寒**。耐克的这种与代言人同患难的精神着实令人动容，刘翔的身影已然十分高大，耐克的形象似乎也越发光辉起来。

当然，与其事后处理，不如事前防范。企业在选择代言人时需要谨慎评定、仔细斟酌。虽然俗话说"人非圣贤，孰能无过"，但我们也要尽量选择为人正直的代言人，即便他出现错误也能努力改正，最大限度地降低企业的损失。

第六章 /

员工沟通与雇主品牌管理：人才是企业的第一主语

人，是企业永恒的主语，也是企业持续发展的根基。人才招聘与管理是企业一切工作的重中之重，也是品牌公关工作中不可忽视的一个重要环节。在人的问题上，金钱永远不是最佳的解决方式，真正的技巧在于如何通过良好的员工沟通与雇主品牌管理，让人心甘情愿地为企业服务。

只有让员工真正理解战略，才有可能高效实施

无沟通，不企业。与员工保持长期有效的沟通是保证企业各项工作有条不紊、稳定发展的必要前提。国内企业之前大多由党委、团委、工会负责内部沟通，伴随着我国经济的不断发展，越来越多的外企涌入中国，这些公司大多并没有正式的党委和团委，所以员工沟通就成了公司管理层非常重视的一件事。那么，员工沟通都做些什么呢？

传播企业战略

简单来说，传播企业战略就是把企业的业务目标传达给员工，让员工为了一个共同的目标努力。企业的战略应该是简单清晰的。

支付宝说要让人“知托付”，GE公司说我们要成为一家“数字化工业公司”，IBM（国际商业机器公司）说我们要做“认知商业”，百度说我们要成为一家人工智能公司……

这些目标看似简单，但是其背后蕴含着深刻的含义。为什么要让员工知道这些？理由非常充分：实现企业的战略要靠员工，**只有让员**

工对战略有真正的理解，战略才有可能被高效实施。另一方面，在这个追求个性的互联网时代，员工能够自我赋能的企业才有活力。企业战略会影响员工的切身利益，因此他们必须清楚企业战略，特别是明白战略的变化对他们意味着什么。

企业战略不是口号，它影响每个员工的行动。比如传统的制造企业要利用工业大数据改变服务模式，原来的工业技术工程师要被软件工程师取代；如果汽车企业要向新能源转型，燃油发动机专家要被电动系统专家取代；公司从线下零售业务向线上电商转移，很多线下商店的员工就要面临失业风险。需要强调的是，越是在企业战略转折和重塑阶段，员工沟通就越重要。

传播企业文化

和企业战略相同，企业文化也应具有明确的含义，而不仅仅是“诚信、创新、奋斗、玩命”这样简单描述价值观的词汇。

以我工作过 15 年的 GE 公司为例，企业价值观的表述每隔几年就会发生一次变化。2000 年杰克 · 韦尔奇时期的企业价值观是 4 个 E：Energy（能量）、Energize（赋能）、Edge（锐气）和 Execution（执行）。到了 2014 年，伊梅尔特董事长提出让 GE 成为“数字化工业公司”，价值观的表达中有了“学以恒，善应变；敢授权，互激励”这样充满互联网精神的词汇，不再强调领导激励员工干活，而是授权给员工，让他们相互激励。

所有这些价值观的表达，都对应着非常详细的行为描述，公司以此作为考察员工的标准。能不能提拔，发多少奖金，要看员工的价值观和业绩两个维度。而让价值观被员工理解和接受，就是员工沟通部门要做的事。

通常情况下，文化强大的企业有两个特征：一是企业价值观被用来作为衡量员工表现的重要维度；二是企业员工都具有某种行为特征，**即使已经离开公司很久的人，身上也有相似的影子**。

丰富员工生活

企业应组织员工开展文体活动、年会以及团队建设等。现在很多公司的年会成了员工的才艺秀场，带有很强的企业文化标签。

员工沟通这个职能，现在听起来既重要又琐碎，那么到底是公关部负责还是人力资源部负责呢？现实的情况是，两者都有。我在企业多年，一直负责品牌公关，也一直负责员工沟通。虽然这个业务是在公关部下面，但是员工沟通的负责人需要与人力资源部密切合作。同样，有的公司将员工沟通这个职能放在人力资源部下面，负责人也需要与公关部密切沟通。

所以，我们不用特别在意员工沟通属于哪个部门，重要的是让这个职能为企业的发展和员工职业理想的实现提供专业见解和优质服务。

找到并留住人才，不仅是雇主品牌问题，也是财务和战略问题

所谓雇主品牌，指的是一个企业对员工提供的独特价值，简单来说就是把员工沟通上升到企业品牌和战略的高度，在目标和方法上都有更多的规律可循。那么，雇主品牌与企业品牌、产品品牌到底有什么关系呢？我们不妨通过图 6–1 进行比较。

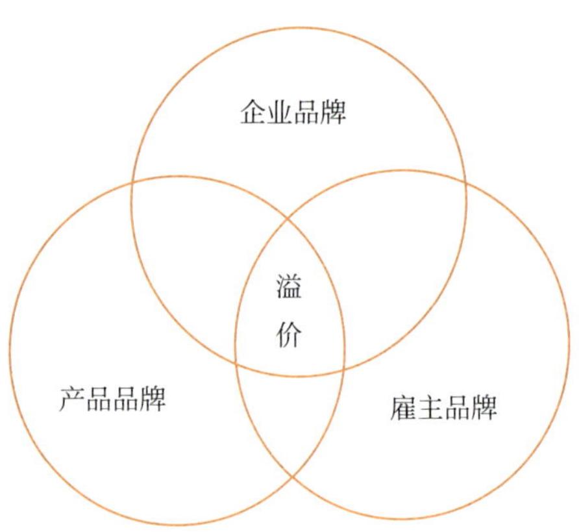

图 6–1　企业品牌、产品品牌和雇主品牌的关系

说到谷歌你会想到什么？想到创新的精神？这是企业品牌。想到搜索引擎、人工智能和无人驾驶？这是产品品牌。如果你听说谷歌工程师在那个传说中的工作环境里一起工作，一起研究改变世界的方

法，这就是雇主品牌。

再来看看华为。提起华为你会想到什么？想到华为的交换机、基站、智能终端、荣耀手机？这些是产品品牌。想到中国企业的骄傲、全球化品牌，与全球顶尖的跨国公司硬碰硬竞争？这是企业品牌。想到华为员工的奉献精神和狼性文化？这是雇主品牌。

企业品牌、产品品牌和雇主品牌三者是相互融合的，比如你看到苹果手机就想到乔布斯，想到一个打开了智能手机新天地的公司。很多公司有自己的前员工群，比如百度有“百老汇”，腾讯离职员工有“南极圈”，网易有“离易”……无论这些“前员工”从事什么工作，他们都有一个共同的标签。那段经历、那种由企业文化形成的特定的人的职场体验，就是带有企业品牌光环的雇主品牌。

有些公司并没有过高的知名度，比如现在很多新型的科技创业公司，员工们可以在这里做自己喜欢的事，可以带宠物来上班，可以穿拖鞋或者光脚，可以与老板吵架。虽然和很多大型企业相比，这里的工资并不高，但是他们更愿意在这样的环境里工作，这就是雇主品牌。

企业做的任何事情，包括商业社会中所有的产品、服务、工作岗位，都来自某种需求。而对雇主品牌的需求大多来自这么几个方面：企业跟竞争品牌争夺人才；员工流失率高,招人和培训成本高，影响企业业绩；企业业务转型需要特别专业群体人才等。**作为企业的创始人或者管理者，最大的问题永远是“如何找到并留住人才”**。吸引人才当然离不开利益，但是这并不是最重要的。在中国各种市场调查中，人才第一需要的不是钱，而是职业发展机会。

在一个企业本身和产品都还没有获得足够市场认可的时候，创造并传播一种独特的文化，不失为一种低成本和高效率的获得人才的绝佳方法。同样，在知名企业间争夺人才的过程中，拥有独特雇主品牌的企业也往往更容易获得先机。

我在GE工作的时候，常年主管雇主品牌，这是品牌公关部和人力资源部共同负责的领域。有段时间企业人才的非自然流失率不断上升，一度升至12%，雇主品牌一度成为我们的工作重点。而对于GE这样规模的工业企业而言，如果人才非自然流失率高于12%，就会给企业带来较大的不良影响。如果能够把这个数字降低到8%，每年可以节省下的招聘费用、新员工培训费用、损失的工时和效率折合的费用可以达到5000万元以上。

所以，**做好雇主品牌，让人才愿意来，让优秀人才不轻易被竞争对手“挖”走，这不单是品牌的问题，也是一个财务问题，一个战略问题。**

GE和中航工业曾经合资在上海成立了一个叫作昂际航电的企业，主要为中国的C919大飞机提供航空电子设备。这个领域的核心人才非常难得，全球只有几百人，如何将这些人吸引到中国，到昂际航电工作，就成了当时非常大的一个难题。对于一个成立不久、缺乏名气，甚至还没有产品的企业而言，雇主品牌是吸引这些人才的唯一有力武器。

因此，我们就围绕品牌公关的方法论，从品牌定位、品牌管理和品牌传播的角度塑造昂际航电这个雇主品牌。我们告诉那些全球的航电专家：

这是一个让自己已经趋于平淡的职场迸发出火花的机会。

这是一个共同改变全球航空格局的机会。

这是一个投资开发最先进航空电子技术的机会。

这是一个全球人才共同合作的机会。

你们将支持的产品是自从40年前空中客车诞生以后第一个横空出世的大型客机，它将用世界的技术在中国组装。

如果你是一个在美国俄亥俄州每天准时上下班的航空工程师，听了这些会不会有点激动？我们做了很多雇主品牌的传播，包括海外招聘会，拍摄在中国的国际工程师生活的视频，讲述企业的创新、全球团队的融合、员工参与全球大型新项目的自豪感……这些传播的目的就是一个，让全球最好的航空电子工程师到上海，把他们留住，让他们在昂际航电实现自己的梦想。

类似的例子还有很多。对于那些刚刚起步或者正在转型的企业而言，与建立一个强大的企业品牌相比，虽然建立一个强大的雇主品牌也需要时间，但是更快、更直接。

需要注意的是，毁掉一个雇主品牌同样也非常容易，如果不能有效处理好突发的危机，企业在重大变革中没有做好员工沟通工作，都会让雇主品牌建设的多年努力付之东流。因此，建立与维护雇主品牌的过程中，一定要倍加小心，无论何时，都不可掉以轻心。

雇主品牌管理的“金字塔架构”

雇主品牌管理可以借鉴品牌管理的所有方法论，因此，我一直主张雇主品牌这个职能应该放在品牌公关部下面，而不是人力资源部下面。当然，雇主品牌在企业内部最重要的利益相关部门就是人力资源部。

需要强调的是，雇主品牌 60% 来自价值观和人力资源政策，40% 来自传播。如果企业的待遇差、领导差、食堂差，无论怎么传播也不可能起到良好效果。这就相当于**如果企业的产品很差，再强大的广告和公关也不可能改变公众的认知**。

雇主品牌管理的架构类似一个金字塔，塔的基础是企业的价值观，基础的上面是人力资源政策，包括人才发展体系、福利待遇等；再往上是偏重品牌传播的部分，包括品牌表达、品牌传播和效果衡量（见图 6–2）。

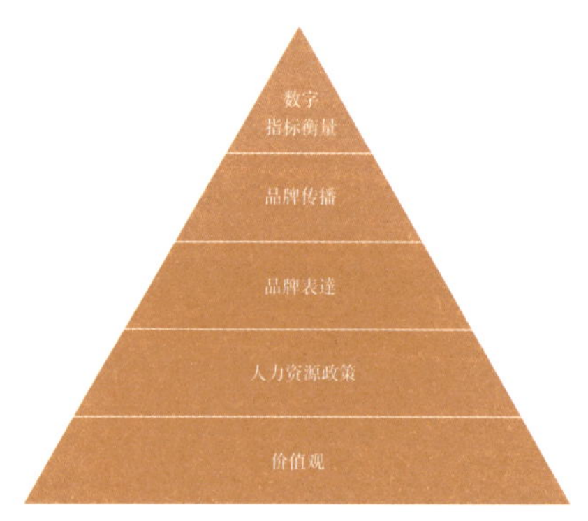

图 6–2　雇主品牌管理的“金字塔架构”

价值观

价值观是品牌的基础。许多企业喜欢将价值观挂在墙上或者印在卡片上，甚至要求员工倒背如流。实际上，**真正具有影响力的企业价值观，首先是体现在企业与老板层面的言之必行**。如果你强调诚信、合规，那么从CEO开始就不能有任何造假、欺骗、违法行为。

价值观还应和人力资源评估体系一致。**价值观不是空洞的口号，而是包含具体的行为准则，**是衡量员工的职位、工资和奖金的标准之一，至少占到50%，另外的50%是业绩。此外，还要注意价值观的表达应简洁，具有差异化，让人很容易记住或者联想到。我们都会记得谷歌的价值观“不作恶”，非常简单且与众不同。谷歌可以利用技术优势做很多事情但是他选择不做违背价值观的事情。

优秀企业价值观的核心是稳定不变的，但是价值观表达可以随着时代变革而不断更新，比如GE公司的价值观表达在过去20年就至少有5个版本。有些公司的价值观表达长期不变，最著名的就是强生公司的“我们的信条”。它是1943年公司上市前夕，由第三任董事长罗伯特·伍德·强生将军写下的4个原则：

首先，关注我们的客户：关注世界上所有的医生、护士及父母们；其次，关注自己的员工，并尊重他们的尊严和价值；再次，关注我们的社会，时刻提醒自己为社会做出贡献，维护我们所共有的财产；最后，关注股东的利益，给股东们合理的回报。

如今，在强生公司任何经营办公场所，都可以在醒目位置看到“我们的信条”，许多离开强生多年的员工，也对信条记忆深刻。

人力资源政策

制订人力资源政策并不是品牌公关部的主要职责，但是我们可以帮助推动。品牌公关部可以从雇主品牌的角度建立从招聘到人才发展，再到离职员工管理这一套完整的政策，比如宝洁公司著名的管理培训生体系、星巴克的“伙伴文化”和拜耳公司的“超级实习生”项目。

此外，人力资源政策也囊括公司的班车、食堂、健身设施等员工福利。

雇主品牌表达

雇主品牌是不是需要一个独特的、区别于企业品牌的表达？这是一个有争议的话题。事实上，任何企业的雇主品牌，都可以确定一个独立的品牌口号，比如拜耳公司的“敢想，勇为”，全球最大的单晶硅太阳能板生产企业隆基股份将雇主品牌口号确定为“光明的产业，共同的事业”。当然，你也可以选择不提出或者不刻意推广一个单独的雇主品牌口号。

我曾经主持过GE公司在中国的雇主品牌项目，根据市场调查以及员工对工作环境、同事和职业发展的期待，确定了雇主品牌口号

“同道，同行”，与企业品牌口号“想到，做到”既呼应又区别，一度获得很好的传播效果。

雇主品牌传播

与企业品牌的传播一样，雇主品牌的传播可以利用广告、公关、内容营销、线上线下活动等方式，针对的受众主要是现有员工和潜在员工。

数字指标衡量

对企业品牌的衡量，要看品牌在目标客户中的知名度和美誉度，品牌为企业业绩带来的直接和间接效果。雇主品牌的衡量也是如此，在知名度和美誉度方面，可以通过员工调查和市场调查，了解其对企业作为一个雇主的满意度和认知；在业绩效果方面，可以通过企业的员工合理流失率指标和招聘成本是否下降来考量。对于品牌而言，溢价有一个非常重要的作用：将同样的东西卖出更高的价格。这点作用到雇主品牌上，就是企业可以用更低的价格招来并留住更高质量的人才。

综上所述，雇主品牌管理需要做好以上五项工作，从企业价值观的表达到用数字指标衡量雇主品牌的效果，五者环环相扣，紧密相连，每项工作，都需要我们付出绝对的努力，不可敷衍了事，一不留神就有可能功亏一篑。

企业和员工的所有接触点，都是雇主品牌的传播机会

在经济不断发展的今天，人们拥有越来越多的工作选择权，人才逐步成为各个公司争抢的重要资源。在这样的情况下，越来越多的企业开始意识到打造雇主品牌的重要性，世界各地的企业纷纷加强了雇主品牌信息的传递工作，力图通过雇主品牌影响力来吸引员工加入。如何快速提升雇主品牌影响力已经成为众多企业高度关注的一个问题。

由于雇主品牌的主要受众是员工和潜在员工，因此我们可以从场景思维的角度考虑，一个员工，从观望、申请到参加面试、入职，再到职业发展和离职，**企业和员工的所有接触点，都是品牌传播的机会**。简单来说，快速提升雇主品牌影响力，有这样几个方法：

为不同发展阶段的员工建立符合他们需求的品牌体验

员工和一个雇主的接触点有多少？我们以一个大学生到企业工作为例：从校园招聘中了解企业，到去企业做实习生、在学生圈中交流，再到参加跟企业有关的商业大赛——这是求职前的体验；入职体

验包括接到面试邀请函、参加面试、收到Offer（录取通知）或者拒绝信；入职后体验则包括第一天上班、参加岗位培训、接受绩效管理、与同事合作、规划职业路径、升职和离职等（见图6–3）。

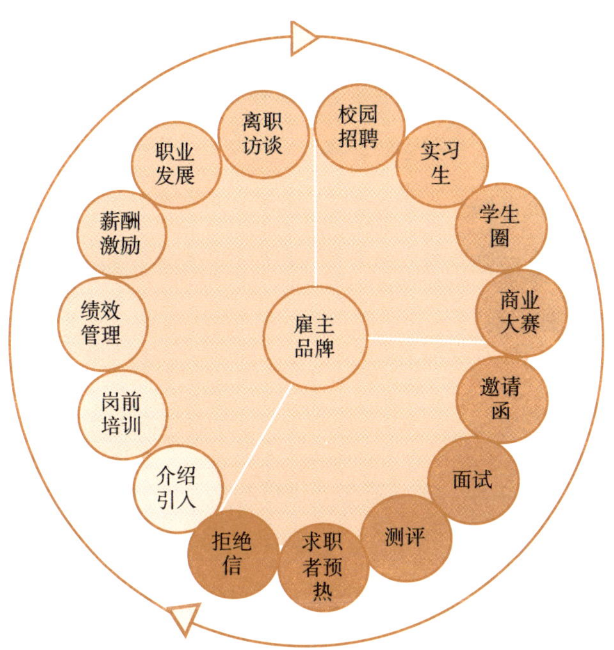

图6–3 员工和一个雇主的接触点

做雇主品牌传播，要考虑在不同的员工接触点做不同的工作：首先是改进和加强已有的传播，比如校园招聘；其次，就是找到在重要接触点上缺失的传播，比如很多企业都没有考虑如何写招聘广告，如何写面试拒绝信，员工上班第一天的体验应该是怎样的，员工离职的时候应该收到怎样的信息或者礼物，等等。有的企业对于招聘广告缺乏严格统一的管理，导致任何人都可以随意发布企业招聘信息，有时还会因为言辞不当，比如“不要长得丑的”“不要某某地方的人”等，引发市场对企业价值观的怀疑。

有一位人力资源面试官在知乎上问了这样一个问题:“面试失败后，你收到的最有情怀的拒绝信是怎样的? ”大多数人的回答都是说拒绝信都是冷冰冰的。但是，如果拒绝信能这样说:“你的专业能力给我们留下了深刻印象，但是因为与我们的要求匹配度不高，暂时不能加入我们。我们将把你的资料存入公司人才库，将来有合适的机会一定第一时间通知你。希望你尽快找到适合你的公司，在未来的事业中一展身手，成就梦想。公司希望和你成为朋友，期待着下一次的重逢。”这样的拒绝信，是不是显得更有“人情味”。

拜耳公司每年都举办“超级实习生”项目，选拔优秀大学生与公司高管一起工作，观察高管如何思考、如何安排时间、如何做出业务决策、如何与人沟通等，为大学生提供职场发展的第一个高价值体验。

他们邀请学生录制视频，在朋友圈获得点赞，然后对入选第二阶段的 150 名学生进行评估，根据拜耳“敢想，勇为”的雇主品牌，选拔出 20 名候选人，最后通过现场决赛，由管理层选出 8 名“超级实习生”。这样的活动每次都在传统媒体和自媒体上广泛传播，提升了拜耳的雇主品牌，更多的优秀学生喜欢在这样的企业工作或者参加体验。

找到重要接触点上缺失的传播并不难，因为**雇主品牌的传播者本身也是体验者**。几乎每个人都是某企业的员工和另一个企业的前员工。有的企业，把吸引优秀人才“二进宫”作为人才发展的重要战略，许多人在离开了之后才会发现那里最值得留恋，希望能够重新加入，这就是雇主品牌的作用。

创造优质内容让员工自觉转发，以及让员工自发创造传播内容

社交媒体时代的传播不再单向静止，而是多向动态。过去我们做员工沟通工作，主要就是做员工通信，而现在我们更多的是希望能够与员工进行更为直接的互动，吸引员工主动加入到传播中来。

通常情况下，员工喜欢转发的企业内容分为以下几种：

1. 企业获得重大成就的新闻 企业获得国家重要奖项或者企业有影响力的产品发布，都容易让员工产生强烈的自豪感，他们会迫不及待地想要和朋友分享。这既是企业品牌又是产品品牌，当然也是雇主品牌。

2. 员工自己的故事 有才、有个性、有特点的员工的故事也很容易引发员工的转发兴趣。

比如同事的本职工作是工程师，但还是著名京剧票友；公司创始人多次登上珠穆朗玛峰；公司家庭日上同事可爱的孩子；在冰天雪地里修建铁路的工人；为女同事送上一束表达爱情的鲜花……

这样的内容既可以由公司发布，员工也乐意自己创造并传播。

3. 公司创作的受朋友圈欢迎的广告和新媒体内容 富有创意

的、有趣的内容通常更容易吸引人们的注意，让人主动传播。

美国多元化工业企业霍尼韦尔公司看了《中国有嘻哈》后，也发表了一段Hip-Hop（街舞）的视频，借此向外宣传了自己的业绩，调侃了竞争对手GE，还把特朗普总统的录音合成为“Honeywell, Great Company（霍尼韦尔，伟大的公司）”放了进去。这条微信在官微上推出后，不到24小时就有了3万多的阅读量，是其公众号平均阅读量的好几倍。

建立CEO和不同层级员工的品牌大使制度

各种市场调查表明，公司创始人、CEO在雇主品牌中起到的作用超乎想象，许多员工选择加入公司的理由就是受领导人人格魅力的影响。因此，建立CEO和不同层级员工的品牌大使制度也是提升雇主品牌影响力的一个不可忽视的重要手段。

有些企业CEO的个人魅力并不强大，或者国有企业不适合过于突出CEO个人，这种情况可以考虑建立不同层级的员工形象大使制度。

如果你是一个环保企业，一名热爱生态摄影的员工就可以做你的品牌大使；如果你是一家科技创新的企业，公司的超级码农可以成为品牌大使……

需要强调的是，一定要注意员工的离职问题，要定期检查并确认出现在公司海报和各种宣传品上的员工是否还在公司，避免出现侵权现象。

雇主品牌对于企业的成功起着至关重要的作用，特别是对处于创业初期与转型时期的企业而言，优秀的雇主品牌是帮助其吸引并留住人才最为直接也是最为有效的方法之一。因此，不断提升雇主品牌影响力，是企业在发展过程中必不可少的一项工作，需要大家一起努力。

第七章 / 公共事务管理：横跨公共关系和政府关系的中间部分

所谓公共事务，可以理解为用公共关系的方法影响政策的政府关系，是横跨公共关系和政府关系这两个职能的中间部分。在很多企业中，公共事务和公共关系通常是由一个人或者一个团队负责，两个领域在目标上经常互通，在人才技能的提升和职业发展方面也相互促进。

公共事务与品牌公关

公共事务这个概念来自西方，英文叫public affairs。“public”这个词，很多人喜欢将它理解为公共、公众的，实际上，它还有一个意思——政府的，与之对应的是private，私营的、企业的。public affairs指的便是政府事务。在英文里经常提到的一个概念是政府和企业的伙伴关系，public-private partnership，简称PPP。

你可能要问，既然公共事务是指政府事务，那么它和本书的主题——品牌公关有什么联系呢？为什么要专门用一章的篇幅来讲它？在本节中，将从以下几个方面来解释：

公共事务与公共关系密切相关

首先，我们要为公共事务下一个定义：公共事务是一种运用公共关系手段影响政策的政府关系。接下来我们看一下公共事务与公共关系，或者说政府关系与公共关系的密切程度。有这样两个维度：

第一，公共关系的重大议题往往与政府相关。

第二，公共关系的方法可以用于政府关系。

公共关系的主要任务是建立和维护企业的声誉，以平等沟通的方式说服受众接受你的观点，让他们喜欢你、支持你。而公共关系中的目标受众，除了消费者，还有一个非常重要的对象，就是政府。多数B2B企业的基本受众就是两个：企业决策者和政府官员。

如果是一个新能源企业，要从政府那里得到更多的补贴和政策支持，那就需要沟通和说服；如果是一个高科技企业，要从政府获得对所在产业的税收和政策支持，也需要沟通和说服；如果是一个要参与"一带一路"项目的企业，希望得到国家级金融机构的融资支持，同样需要沟通和说服……

这样的沟通和说服，当然首先是与政府的直接沟通，这也是企业公共事务部门的主要工作，他们需要带着相关的文件资料向政府汇报。在这方面，国企有明显的便利和优势，特别是国资委直接管理的央企，他们与政府的沟通通常不会存在特别明显的障碍，但是对民企和外企而言，这样的沟通就显得尤为重要，具备较强的专业性。

试想一下这样的情景，如果你通过种种关系终于找到了负责的政府官员，对方可能会对你的介绍出现两种反应，一种是："你们是什么公司，怎么从来没听说过？"另一种则是："这个公司啊，挺有名的，上过央视，我们省委书记接见过他们创始人。"显而易见，后一种情况对于接下来的沟通会更有利，这就是公共关系为公共事务建立的基础。

所以，实现公共事务的目标，很大程度上要用到公共关系的方法。

公共事务的目标，比如希望政府颁布一项对你所在的行业和企业有利的法规，不是简单通过找关系、见面、开会就能完成的。围绕一项政策，政府需要调研，对一个行业进行深入了解并借鉴其他行业以及国外同样行业的经验，这是一个非常复杂的流程。在中国，“游说”（lobbying）并不是一种有法律保障和行业规范的行为，让政府了解你，经常需要用到公共关系的方法，比如通过媒体报道，举办产品发布活动、行业论坛或者通过自媒体传播等。

在规模不大的企业，公共事务和公共关系通常是由一个人或者一个团队负责的

在很多企业，特别是中小型企业中，公共关系和公共事务往往由一个人或者一个团队负责。在公共关系的很多阶段，最重要的就是公共事务。此外，一些知名度较高的大企业，还会成立专门的公共事务部门，由公共关系负责人或者政府关系负责人管理。我在GE做品牌公关负责人的时候，就曾经负责管理过公共事务这个职能，我并不在政府关系部，而是用公共关系的方法，来实现政府关系的目标。

在对外沟通中，“公共事务”一词比“政府关系”更好听、更常用

许多企业，特别是外资企业，都非常喜欢用“公共事务”这个概念，做政府关系的人喜欢在名片上写“公共事务”，做公共关系的人也常常写上“公共事务与传播”（public affairs and communications）。

相较“政府关系”而言，“公共事务”一词显然更为含蓄一些，听起来也更好听。

简单来说，公共事务这个来自西方的概念，在意义上基本等同于政府关系，但是包含很多公共关系的独特方法。了解公共事务的范围、目标和方法，对于品牌公关有着非常重要的影响。

公共事务的两大关键词：议题设置 + 媒体传播

对于品牌公关而言，公共事务管理是必不可少的一门课程。前文简单讲述了公共事务的定义以及其对于公关工作的重要性，那么，作为一个懂公关的政府关系专业人员，公共事务经理到底需要负责做什么？其主要工作内容又包含哪些？

GE公司公共事务职位的招聘要求大致是这样的：

职责：

支持政府关系部，为企业发展获得有利的政策条件。

运用公共关系手段，包括但不限于媒体报道、政策建议文件、行业白皮书、政策论坛、行业交流等与政府进行建设性沟通。

为公司主要业务领域航空、能源、医疗提供政策发展提示和议题设置。

主要汇报上级：品牌公关部负责人。

虚线汇报上级：政府关系部负责人。

虚线汇报上级：全球公共事务负责人。

要求：

3 ~ 5 年政府、媒体或行业经验。

了解政府决策过程，熟悉媒体工作流程。

优秀的中英文写作能力。

简单来说，**公共事务的主要工作内容包含两个关键词，即议题设置以及媒体传播**。我们谈公共关系的时候，出发点是公众的需求，对某一种或某一类产品和服务的需求。公共事务则要从政府的需求出发，政府需要什么？需要政绩。政绩包括什么？促进经济发展，制定市场规则，惩罚违法行为。

所以，无论是政府关系还是公共事务，都要首先考虑企业的利益，然后找到政府需求和企业利益的结合点。低级的政府关系，是有事求政府；高级的政府关系，是跟政府站在一起，根据政府的工作目标设置传播议题。

家乐福从 2002 年起就参加了一个项目——四川花椒节，这是世界自然基金会（WWF）与家乐福携手合作旨在保护当地野生大熊猫的长期项目。家乐福在大熊猫保护区帮助农民种花椒，以高于当地市场平均价的价格大量收购，然后在家乐福全国门店销售。他们配合政府“加强零售渠道食品安全管理”的政策，让每个农户供应家乐福一家门店，通过编码可以查询生产源头，保证质量控制和食品安全。

家乐福在上海举办的“四川花椒节”展台促销活动，上海市商委、工商局、四川省驻上海办事处的领导都会参加。本来是企业的公关活动，因为跟政府食品安全管理、扶贫和西部开发政策相呼应，也成为最好的构建政府关系的活动。上海的媒体也争相报道了这个活动，新闻标题是“家乐福卖花椒救熊猫”“川椒卖给家乐福，四川熊猫不饿肚”。

我在GE工作的时候，公司能源业务公共事务的目标是让天然气价格市场化。为此，公共事务部门曾经组织了一系列论坛，请全球行业专家谈这个话题，同时请政府官员参加，让他们了解这个话题。

在医疗设备行业，新的业务增长点是民营医院，销售员的工作是向民营医院销售设备，公共事务的工作是发起民营医院行业发展年度论坛，让政府官员、学者、公立医院、民营医院和媒体一起参加讨论，让GE医疗在这个行业成为议题专家。

要知道，每多一分话语权，你就多了一次销售的机会。影响政策需要时间和反复的沟通，有时候不适合高调宣传，更多的时候是为与政府的双向沟通提供机会。

比如中国政府要求所有化妆品都要经过动物测试，而国际善待动物组织和一些化妆品公司承诺不用动物做测试，主张采用有效的替代方法。

跨国公司如何平衡在中国和海外的利益，如何为政府提供有效的论据、科学的方法，证明不用动物测试仍然可以保证为消费者提供安全的产品，这是一个长期的，而且不适合广泛传播的议题设置项目。

议题设置不仅是大企业的工作，小企业也有机会，特别是在产业升级、消费升级、“大众创业，万众创新”的大环境里，中小企业参与的机会越来越多。像在达沃斯论坛、博鳌论坛、G20峰会附属的B2O大会[①]上，都有专门的中小企业论坛。如果你是一个小企业，你是不是可以帮助政府考虑这样一些议题：中小企业如何发挥合力促进地方经济发展；政府如何帮助中小企业加强创新能力；中小企业如何建立人才发展的灵活机制，以及中小企业如何避免知识产权陷阱……

总之，无论你是中小企业，还是为中小企业提供服务，都可以在类似的话题上做议题设置。好的议题会引起媒体的自动关注和传播，政府媒体和企业自媒体也可以推广。这样一来，企业的政府关系就做活了，就不仅仅只是有事才找政府，而是跟政府一起促进经济和产业的发展。

① B2O，Business-2-Organization的缩写，简称商对组织，是企业与组织之间的商务交互新模式。——编者注

年薪百万的职业前景

既然公共事务是横跨公共关系和政府关系这两个职能的中间部分，那么公共事务专业人员的职业前景如何呢？要想了解这个问题，首先我们应该明白，一名优秀的公共事务专业人员应该具备哪些方面的技能。

公共事务专业人员的技能需求

如果你去问做政府关系的专业人员，跟政府打交道需要什么条件，他们会告诉你：

1. 专业　你要懂得政府的流程，包括政策制定过程、见面流程、出了事情的惩罚流程等。

2. 广泛的人脉　你不一定认识政府所有的人，但是要认识一些能帮你认识政府重要人物的人。

3. 懂得用公关去影响政府　为什么要用公关影响政府？因为过于直接地反复表明诉求，会导致政府不容易接受。单纯向政府重复自己是创新企业，应该给予减免税收支持，或者强调自身创业的艰难，需要政府解决高级人才的户口问题，这种方式往往收效甚微。而通过以议题设置为主的公共关系的方法，将政府带入一种对话、沟通和分享的氛围，帮助政府解决它的基本诉求，就有助于企业达到影响政策的目标。

在公共关系、政府关系和公共事务这三个交叉的领域里，有这么几个基本事实：

（1）政府关系专业人才，特别是高级人才严重稀缺，待遇比公共关系高级人才要高。

（2）政府关系高级人才一般都有政府工作经历。

（3）公共关系高级人才很多都有媒体工作经历。

（4）在有些企业，政府关系和公共关系由一名高级主管负责，而这名主管更多来自政府关系部。

（5）在有些企业，公共关系部向首席市场官汇报，但是公共关系部和政府关系部关系非常密切。

（6）公共事务更偏向政府关系，但需要有较强的公共关系能力，如议题设置、活动管理和写作能力。

（7）如果你具备较强的政府关系能力和公共关系能力，就属于市场极其稀缺的人才，在大型企业中起码能够拥有百万年薪。

总之，公共事务专业人才的价值和影响不可限量。其不仅能够通过影响政策为企业带来实际的收入，还可以在企业出现危机时，利用日常累积的公众信誉获得政府的理解和支持，降低企业的重大损失。

财政部和国家税务总局在2011年颁布了一项法规：对化妆品制造与销售、医药制造和饮料制造企业（不含酒类制造）发生的广告费和业务宣传费支出中不超过当年销售（营业）收入30%的部分，准予税前扣除。

如果是一家在国外生产、在中国销售相应产品的企业，按照规定不能享受广告费税前扣除政策。经过一些企业政府关系和公共事务人员与政府的多轮沟通，这项政策在2015年12月31日终止之后，变成了“在中国制造或销售的企业，都可以享受广告费税前扣除”。

“制造与销售”和“制造或销售”，二者仅有一字之差，却能为那些在国外生产、在中国销售且投入大量广告和宣传费用的企业节省不少税收。

企业出现危机时，公共事务的作用表现得极其明显。面对同样的问题，企业在公共事务处理上的态度和方法不同，得到的结果也会大相径庭。

家乐福在被爆出销售“过期肉”以及店内存在老鼠和蟑螂的情况后，其公关部门积极配合政府调查，并第一时间道歉，及时表明整改态度。这种方式，让家乐福在最短时间内消除了事件带来的不良影响。

而在麦当劳、肯德基等大品牌的供应商上海福喜食品有限公司被电视台曝光使用过期鸡肉的当晚，上海食药监局和公安部门前往福喜位于上海嘉定的工厂进行调查时，竟然遭到了企业的公然对抗，双方僵持了一个小时后，食药监部门的工作人员才得以进入并查封了福喜工厂，企业主要负责人被刑拘。

公共事务经理提升价值的路径

公共事务可以帮助企业省钱，减少损失，这些指标都可以被量化，得到了越来越多企业的重视，职业经理人的价值也就愈加明显。那么，公共事务经理怎样提升自己的价值呢？有三个建议。

1. 参与影响公司战略的议程设置工作 公共事务管理一定要参与影响公司战略的议程设置，与公司核心业务以及CEO的目标绑定。

2. 为公司创造可量化的价值 公共事务不是每一项工作都能被数字衡量，这点与公共关系一致，但是要尽量做出数字标准，比如节省了多少税收，通过行业影响和政府说服，为重大并购项目获得了反垄断审查批准以及帮助公司扩大了多少业务等。

3. 在行业中建立个人品牌 在行业中建立个人品牌，可以提升公共事务专业人员服务的企业价值和他们的个人价值。因为公共事务影响政府政策，公共事务人员深度参与政府活动和行业对话可以为企业提供更多的有影响力的平台。

我与全球最大太阳能企业天合光能的公共事务副总裁和首席品牌官杨晓忠先生结识已久，他曾在外交部新闻司和驻外使馆工作，后来供职天合光能，代表公司当选全球太阳能理事会董事，2016 年还被选为G20 工商界贸易投资工作组成员，在人民大会堂出席二十国集团工商界活动。

综上可述，公共事务高级人才可以为企业带来实际的政策红利，帮企业节约税收成本，获得财务收益，减少危机损失，职业前景可谓一片光明，让我们一起努力吧。

第八章

投资者关系管理：花 20 年建立的声誉，可能 5 分钟就会被毁掉

投资者关系，这是品牌公关一个特别的领域，只有上市公司才会涉及。借助资本力量实现企业的快速发展，从而在激烈的市场竞争中脱颖而出，一直以来都是许多企业的首要选择，也是上市企业品牌公关不可回避的重要话题之一。

投资者关系与品牌公关

在上市公司中，投资者关系一般都会由一个特别的部门来管理，叫投资者关系部，不过目前多数公司这方面的业务都是由董事会秘书负责。有些公司，特别是跨国公司，品牌公关部有一个特别的部门负责投资者传播，叫财经传播部（financial communications）,这个部门跟投资者关系部配合密切。

那么投资者关系与公共关系有何联系和区别呢？投资者关系是上市公司与投资者建立相互信任关系，而公共关系是企业在公众中建立声誉。两者的区别则主要体现在以下三个方面：

第一个区别是传播的主体。投资者关系的传播主体是上市公司，而公共关系的传播主体则可以是任何企业。

第二区别是传播的受众。投资者关系的传播受众是投资者，而公共关系的传播受众则是普通公众。

第三个区别是法律监管范围。很多上市公司将投资者关系这个业务看管得很紧，在合规方面非常严格，有时除了证券交易所要求必须披露的信息之外，基本上什么都不对外展示，而公共关系的限制则要宽松许多。

其实，投资者关系和公共关系也有很多相通之处。

目标：声誉

巴菲特曾说过：**"花 20 年建立的声誉，可能 5 分钟就会被毁掉。"**曾经有一位著名的公共关系教授让我讲出两至三个公关的关键词，我说一个就够了，就是声誉。

一个企业如果丧失了声誉，失去了公众和投资者的信任，那么其之前耗费精力建起的商业帝国就有可能瞬间倒塌。所以，无论是针对公众的公共关系，还是针对投资人的投资者关系，都要围绕着声誉这个基本的目标加以展开，帮助企业解决长远发展的核心问题。

实现目标的方式：传播

建立声誉不是空话，而是要做好事情，做好传播。做好事情属于企业业务管理的范畴，此处我们主要来谈谈传播。

投资者关系和公共关系是相通的，有的上市公司虽然不会专门进行投资者关系传播，但是企业品牌公关做的传播同样可以提升投资人对企业的信任，建立企业的声誉。企业的产品活动、经营活动、校园招聘，以及CEO讲话等传播活动，都会对投资者关系产生积极的作用。

传播渠道：媒体

二者要想实现传播，都需要运用媒体的力量。投资者关系传播可以使用所有公共关系传播可借助的媒体，特别是财经类媒体，包括四大证券报——《中国证券报》《上海证券报》《证券时报》《证券日报》，以及相关网站。除此之外，还会运用一些特别的媒体，比如投资机构、券商、银行和咨询公司主办的媒体。这些媒体一般不公开发行，只是针对特定的订阅和注册用户，但是它们对投资者的影响都很大。

投资界也跟其他行业一样，拥有很多自媒体和KOL（关键意见领袖）。一些知名分析师的自媒体或者博客会对其他投资人产生较大影响，有时可能仅是一些不大负责任的评论，却会导致股价的巨幅波动，这时候我们又会进入危机公关的状态。

传播内容：事实+洞察

前文说过，最有效的传播内容是“事实+洞察”，投资者关系传播也是如此。举个例子，你的公司打算大举进入光伏领域，虽然这个行业看起来已经饱和，存在较为严重的产能过剩现象，但是如果你能提出特别的事实和洞察，比如中国农村自有住宅的屋顶总面积、适合安装太阳能的省份、国家和地方政府即将出台的鼓励家用太阳能的政策，以及你的新技术开发方向、生产和销售成本可以降低的具体数字等，告诉投资人你的战略将从太阳能集中发电转向分布式发电和民用发电，就能够更好地说服投资人看好你的股票，说服分析师和财经自媒体主动推荐你的股票，因为你提供了合理的、有说服力的事实和洞察。

GE一度是全球市值最高的企业，当时的CEO杰克·韦尔奇先生每次跟投资者发表讲话时，都会让团队精心准备事实和洞察。很多时候，他发言的话音刚落，分析师们便给出如潮好评，GE的股价随之上涨。杰克·韦尔奇为此颇为自豪，多次强调投资者关系部和品牌公关的财经传播部功不可没。

投资者关系和公共关系是企业内部两个不同但有密切联系的职能，他们针对的目标受众有所不同，但是他们的目标和实现目标的方法有很多相似之处，不管是作为公司还是个人，如能将这两个看似不同的职能打通，对企业发展和个人成长都有明显的好处。

敏感问题：
谨言慎行，不该说的一句也不能说

不可否认，作为一名公关人员，无论你现在是否从事投资者关系的具体业务，你都有可能会加入上市公司或者与上市公司合作。因此，非常有必要了解一些和投资者关系有关的敏感问题，或者说上市公司的传播需要注意的敏感问题。

对监管政策特别是信息披露进行合规管理

上市公司对信息披露的相关管理较为严格，这是因为信息披露会直接给股价带来明显影响。你必须根据证券交易所的要求，在规定的时间、使用规定的媒体做公开披露，让股东们及时获得真实信息，以保证市场的公平环境。同时，参与这种敏感交易的人员，也都不能在特定的时间段内买卖公司股票，遇到重大事件时公司或证券交易所还会要求停牌。

有一段时间，我经常与上市公司的投资者关系部门合作，因为我所在的跨国公司即将与他们进行交易。在此过程中，一旦有类似股权交易的动作，我们的传播方案里就会增加一个重要内容——与证交所沟通并确认信息正式披露的时间和媒体。有时我们的传播计划要做到毫厘不差，比如几点谈判结束，几点签约，新闻通稿谁来审阅，法规要求披露的哪些信息必须公开。

记得我安排给某位部下的工作就是：盯住上海证券交易所的网站，只要看到相关消息，就通知全球公关团队，让他们在世界其他地方发新闻稿，因为公司发新闻稿的时间一定不能早于上海证券交易所的公告。

严格控制与股票相关信息的传播，是处理投资者关系时必须注意的问题。这方面要与法务部门密切配合，参与交易谈判的人员都必须登记在案并签署保密协议。一旦消息泄漏，要追查根源。

了解资本市场的规律，把握政府政策的走向

政府政策的走向对于整个行业都有着决定性的影响。懂得顺势而为，也是投资者关系管理中非常重要的一门学问。

在 2016 年年底，针对保险业资金进入股市大举收购的情况，证监会提出“打击野蛮人”的口号，类似宝能收购万科股份这样的事件便成为股市的热点之一。要想管理好投资者关系，你就要了解保险公司此举背后的动机，还要了解政府下一步会如何加强监管措施，新措施对市场、相关行业和你的公司会产生何种影响。

关于资本市场的规律，VIE（可变利益实体）结构也是重点之一：境内公司通过在海外上市，让境内业务成为海外上市公司的经营实体，使境外投资人享受境内运营实体产生的利益。

关注资本市场，我们还要了解机构投资者的动向以及投资主张的变化，明白类似浑水[①]这样的做空公司，如何在美国和香港等地攻击上市公司的股票。

规避企业敏感信息

每个企业都有自己的商业秘密，以及一些不方便或者不想对外公布的信息，这与上市公司的信息披露并不矛盾，公司可以自行掌握。对于一些和投资者关系有关的敏感问题，投资者关系部最好写出Q&A（问与答）内部沟通文件，让高管们在对外讲话中统一口径。

我在跨国公司中国业务部工作时，经常接待来自全球的机构投资者和分析师。他们对我们公司中国业务的评价，往往会影响市场对公司的看法，甚至股价也会出现明显波动，所以我们都非常谨慎。每次与他们会面之前，我都会把PPT文件、沟通的核心信息拿给总部的投资者关系部审查批准，并在会面后写出详细的汇报。

分析师就是媒体，他写出的东西可能是什么样子，是否会影响股价，我们都要在事前进行大致判断。

危机公关中妥善处理各种利益关系

如果仔细研究一下上市公司的危机，你会发现大多都与沟通

---

① 浑水机构，英文为“Muddy Waters"，是美国一个匿名词调查机构，曾因其报告让中国股票损失70亿美元而名声大噪。——编者注

有关。

比如乐视沟通过度，饼画得太大。汉能在股票暴跌之前，从来没有对外认真做过沟通，从未向投资者解释为什么中国的其他太阳能厂商都在做多晶硅，只有汉能在做薄膜，汉能管理层是不是参与了操纵股票，汉能在各地的光伏项目到底进展如何。类似这样的问题，外界大多不得而知。

如何在合法合规的基础上进行有效沟通，或者选择暂时不沟通，都是投资者关系部，更重要的是董事长和CEO要考虑的问题。

在潜在危机中如何应对小股东，也是一个较为敏感的问题。尽管多数中国上市公司都是大股东控股，小股东的声音很弱，但是如果是涉及大规模公众情绪和社会稳定，上市公司也必须充分考虑后果。

有一次我所在的公司要接盘一个已经停牌很长时间的上市公司，这家公司的股票价值只有一毛多，但在停牌之前股价曾经达到三块多。当时我很担心小股东会到政府去闹事，而政府也让我们考虑提高收购价格。在准备应对声明时，我最初打算写明收购价格是由顾问公司摩根士丹利团队推荐，后来觉得这样做太不仁义，最终放弃了这个念头。

总之，投资者关系处理是一件相对复杂的事情，在和投资者进行交流的过程中，一定要注意一些敏感问题，避免由于考虑不当而造成不可挽回的重大损失。

融资新闻稿：让市场和用户更加了解你

写融资新闻稿是投资者关系管理的重要技能之一。融资新闻稿和一般新闻稿不存在根本不同，下面谈到的几个要点，多数是新闻稿的普遍原则，也有融资新闻稿的一些特殊要求。

标题应表明主要事实

标题首先是讲清主要事实，也就是遵循新闻的“五W法则”：谁（Who）、什么（What）、何时（When）、哪里（Where）、为什么（Why）。对融资新闻稿而言，标题主要讲清楚谁做了什么就好，有时还可以加上为什么要融资，也就是钱用来做什么。

“中金宣布引入腾讯为战略投资者”这个标题中，点明了谁（中金公司）做了什么（引入腾讯为战略投资者）。

“安踏集团收购著名童装品牌小笑牛”这个标题也说明了谁（安踏集团）做了什么（收购小笑牛）。

“精灵云获2000万元A轮融资，将全面拓展国内容器云服务市场”，不像前两个例子讲的都是著名企业，精灵云的知名度不大，很多读者不知道其是做什么的，更不知道融来的钱会用于什么用途，因此标题中加了一句解释（全面拓展国内容器云服务市场）。尽管读者可能不一定知道什么是“容器云”，不过没有关系，标题放不下还可以在内文中进一步解释。

标题的字数还是要基本符合传统新闻的习惯——简洁明确。过长的标题不适合融资新闻稿，“某某公司获得 9000 万元融资”就是一个很好的标题。此外，融资新闻稿的标题还可以有副标题和用星标列出的重点内容。

最重要的基本事实放在第一段

标题放不下的基本事实，可以将其放在第一段。例如：

“中国国际金融股份有限公司（中金，3908.HK）今日宣布与腾讯控股有限公司（腾讯，700.HK）签署认股协议，腾讯将认购中金新发行的 2.075 亿股 H 股，分别占中金发行后 H 股的 12.01% 及总股本的 4.95%。此次发行尚需获得相关监管机构批准。”这个段落里加上了公司全名、证交所股票代码、战略投资以及双方占股比例。

对于获得融资的企业来说，还可以在新闻稿第一段介绍领投的公司，或者还有哪些个人和公司曾经投资。如果投资人是著名企业或个人，无疑会大大增加新闻稿的分量。

介绍融资的背景和意义

将融资的目的给投资者讲清楚，以帮助其基本了解项目。例如：

一家做快闪场地短租平台的企业获得了9000万元的融资，新闻稿中便这样写道："本次融资资金将用于优化铺天地快闪场地短租平台的整体体验，推动商业空间和商业大数据的完善及应用，帮助各类品牌商在新零售时代实现pop-up快闪创新营销。"

使用相关企业领导人的引语

使用引语的目的是便于媒体使用，把企业的立场讲清楚，减少媒体误读的可能。例如：

中金公司引入腾讯为战略投资者的新闻，两家都是大企业，领导人的级别和表达的严肃程度比较高，新闻稿中是这样说的："中金首席执行官毕明建表示：'腾讯是中国一家领先的互联网公司，中金很高兴引入腾讯为公司战略投资者。相信此次合作有助于中金以金融科技加速财富管理转型，为客户提供更加差异化的金融解决方案。'"

"腾讯控股总裁刘炽平表示：'中金是中国一家领先的投资银

行，腾讯期望与中金在产品及服务方面进行系列合作，包括向中金提供我们先进的金融科技，以及引入中金在财富管理方面的能力，为用户提供更佳的服务。'"

在一些创业企业的融资新闻稿中，创始人的引语可以稍微灵活一些，可以加上一些情绪化的表达，比如"创业 10 年，终于看到了希望""这次融资坚定了我们的信心，给每天睡在办公室拼命的团队一个巨大的鼓舞"。

介绍创始人和商业模式

如果是第一次融资的创业企业，可以在新闻稿中介绍创始人和商业模式。像中金公司和腾讯的战略合作，新闻稿简单几段就宣告结束。但对创业企业而言，发布融资新闻稿是介绍自己，让市场和用户了解自己的大好机会。

以上，便是写好融资新闻稿的一些具体要求。除此之外，写作时还应注意以下几个问题。

保证合规

我们在前面的章节里讲过，管理投资者关系最重要的是合规，写融资新闻稿也是一样，所以你看那篇中金和腾讯合作的新闻稿，不仅写上了公司的股票代码，还在第一段最后加上了"此次发行尚需获得相关监管机构批准”。根据不同市场的法规要求，上市公司的新闻稿最后可能还要加上对预测预期类表达的法律限制语言，防止新闻稿内容被误读，导致企业承担法律责任。

数据真实，不夸大前景预期

真实是新闻的生命。在融资新闻稿中，上市公司对数字的表达会非常谨慎，但很多第一次融资的企业往往倾向于夸大市场前景，以增强市场的信心。这在某种程度上是对企业的正面宣传，但若后来的业绩不能实现预期的水平，可能会打乱企业的下一步融资节奏，媒体也会盯住企业讲过的数字，在企业不能兑现时不断讽刺批评。所以，成熟的企业一般不会公开谈论预期的具体目标，比如销售额、用户量、开新店的数量等。

支持企业战略

企业如果决定发出融资新闻稿，还要注意一点：反复强调企业的愿景和目标。获得投资不是目的，目的是建立独特的商业模式，为用户提供超值服务，所有的对外沟通一定要保持统一。

最后，需要强调的是，不是所有的融资都要发新闻稿。对一些存在高度竞争的行业而言，过多的融资新闻可能导致烧钱大战，不利于企业和整个行业的发展，**有时候“闷声发大财”也不失为一个有效的策略**。

财报新闻稿：合规高于一切

财报新闻稿和我们平时写的企业新闻稿、产品新闻稿和融资新闻稿没有本质不同，所有关于标题、第一段交代重点、介绍背景、使用领导人引语等要素都是一样的。本节我们将重点介绍财报新闻稿的几个特别要点。

发布方式和数据合规

财报新闻稿一般由专业的金融传播、投资者关系专家撰写，普通的品牌公关人难以完成，因为财报新闻稿有很强的合规要求，特别是某些特定财务数据的统计方法。来看这样一个例子。

标题：国航公布 2017 年中期业绩

内文第一段：中国国际航空股份有限公司（“国航”或“公司”，与其子公司合称“本集团”）（股票编号：香港 000753；伦敦 AIRC；上海 601111；美国 ADR；OTC AIRYY），今日公布其截至 2017 年 6 月 30 日 6 个月（期内）之业绩。

业绩摘要：

营业收入为人民币 581.55 亿元，同比上升 8.65%；

营业成本为人民币 476.64 亿元，同比上升 15.80%；

利润总额为人民币 51.55 亿元，同比上升 2.58%；

净利润为人民币 39.06 亿元，同比上升 3.24%。

不难看出，这样的格式、提法都跟合规有关。再看国际著名制药公司GSK（葛兰·素史克）的一个季报，其中有“集团销售额比去年同期增长 6%（基于恒定汇率的报表增长）和 1%（基于恒定汇率的相同业务口径的增长）”这样的表述，也是基于合规的要求。

写好管理层关于业绩和未来预期的引语

董事长或者首席执行官的直接引语，主要是在针对国际媒体的财报新闻稿中使用，国内上市公司并不经常使用。使用高层领导直接引语可以强化财报新闻的核心信息，但直接引语的内容需要反复核定，既要根据合规的要求，又包含对业绩的具体看法，便于媒体引用。

阿里巴巴集团 2017 年的一次英文季报新闻稿，在第二段就用了这样的文字：

“‘阿里巴巴在 2018 财年有一个强劲的开局，表现了我们多元化业务的实力和我们的平台给客户提供的价值。我们的技术正在多业务领域推动巨大的增长，在核心商务领域之外加强我们的地位。’

阿里巴巴集团首席执行官张勇说。”

GSK的季报新闻稿则引用了首席执行官安伟杰爵士的话：“2015年新产品销售额达20亿英镑，其中第四季度销售额达6.82亿英镑，表现出持续的增长势头。我们希望，新产品销售额能够提前两年（2018对比2020）实现我们的年收入60亿英镑的目标。”

撰写“致股东的信”

在发布年报时，还需要撰写“致股东的信”，它可以是新闻稿的一部分，也可以单独发布。为此执笔，需要的知识范围远超品牌公关、投资者关系这样的专业领域，应上升到政治、经济、商业和投资的高度。一些大公司董事长的此类信件，堪称商业教科书。

2017年2月25日晚，“股神”巴菲特给伯克希尔·哈撒韦公司写了一封长达3万字的致股东的信。除了该公司的股东，世界各地的投资者都认真地对这封信进行了研讨，他们希望能够从信中看到“股神”对未来经济和市场的预测，也包括对美国经济、移民等热点问题的看法。

突出行业洞察

在财报新闻稿中突出行业洞察，可以帮助媒体了解上市公司获得如此业绩的原因和未来发展的逻辑。举两个例子：

中国国际航空股份有限公司在2017中期业绩报告中指出：航空客运市场供需两旺，货运市场回暖，公司投入运力增长，开通新的国际国内航线，提升投入产出效率，精细化成本管控，扩大运输主业优势，并克服了国际油价回升等不利影响，取得了不俗的业绩。

视觉中国（股票代码：000681）在发布2017年半年报时指出：上半年营业收入比去年同期增长36.43%，净利润同比增长36.50%，是由于公司在互联网文化创意板块采用了积极有效的战略，包括不断增强对全球优质PGC视觉内容的控制力，强化业界领先的基于图像大数据的人工智能技术，加强对内容生态的连接，全面深度覆盖市场以及加强版权保护等。

听起来，你或许会感觉有些枯燥。的确，由于合规的要求比较严格，财报新闻稿内容的可操作余地并不大。

此外，很多上市公司只有在业绩特别好的时候才发布财报新闻稿，业绩一般时仅会按照证券交易所的要求，在网上进行公示。因此，在我们看财报新闻稿时，总会有种支离破碎的感觉。只有类似苹果、谷歌或BAT（百度、阿里巴巴、腾讯）那样的行业领军企业，为了强化核心信息，避免媒体误读，才会精心撰写自己的财报新闻稿。从他们的新闻稿中，我们能够学到一些基本的方法和套路。

多媒体方式呈现

因为财报新闻稿比较枯燥，因此在发布财报特别是年报的时候，我们可以采用多媒体的方式加以呈现。比方说，企业可以建立专门的财报网页，上面有丰富多彩的业绩柱状图、饼状图、数据表格、领导人的视频讲话和高清图片等关键信息。国内有的上市公司还会制作H5财报新闻稿，通过微信平台呈现公司的年度业绩，这些方法都值得参考和学习。

第九章 / 能力进阶：那些容易被忽视的关键能力

品牌公关是一个包罗万象的职业，想要让自己的能力得到进阶，仅仅将目光放在工作本身的框架中是远远不够的。与公司上层领导的沟通，与其他部门的协调，甚至是招揽人才为己所用，都需要我们不断地学习和思考。

选择服务商：要么在价格上妥协，要么在质量上妥协

如何选择适合的品牌公关服务商，这个话题听起来好像是甲方的专属能力。但其实生意中往往是甲方套着乙方。你可能是一家为一个品牌服务的公关公司，但是为了给客户组织一次活动，又需要联系场地供应商、礼品供应商、灯光供应商、交通服务供应商等，这时候你就又成为甲方。所以，对于每一个品牌公关的从业者来说，如何选择品牌公关服务商都是非常重要的问题。

关于选择品牌公关服务商，我们应考察它们是否具有以下四个方面的特质：

对特定项目的服务能力和相关经验

在选择服务商时需要考虑的第一点，就是服务商是否在你需要的特定领域有过可被证明的能力和案例。如果是活动管理，就要看他们为哪些公司做过哪些活动，创意能力和执行能力如何，客户的满意度如何。如果是媒体关系管理，就要看他们跟哪些媒体有过合作，跟你所在行业的主流媒体是否熟悉。

关于准确地发现供应商的真实能力，有三个小办法：第一个是让他们出整体策划案；第二个是问一下他们服务过的客户；第三个则是去他们的公司看一下。

1. 让服务商出整体策划案

在这三个方法里，这个方法最为稳妥。因为出方案是对乙方一个极大的考验，如果他对你的行业、业务、服务需求有很好的理解，而且本身能力很强，那么在他的方案中一定会有所体现，同样他的弱点也很容易暴露。

当然，这个方法对于比较知名的乙方可能行不通。他们通常会说："我们拒绝比稿，看得起就让我们做，出方案可以，但是要收费。"

在遇到此类情况时，我们也应该理解。乙方之所以会这样做，第一可能是因为能力够强不愁客户，第二也可能是因为有被甲方骗稿的经历。一些甲方由于预算较少，会利用乙方迫切需要生意的弱点，让很多乙方出方案竞争，然后将好的创意集合起来，交给一家公司去做。这无疑是一种不道德的行为，不仅损害了自己的形象，也伤害了乙方的利益。

2. 询问服务商的历史客户

多数品牌公关负责人都会用这个方法选择一个以前没有合作过的服务商。以前我在甲方的时候，经常有服务过我的乙方老板来找我，说他正在竞标一个大生意，给他的甲方留了我的电话，如果对方向我询问，希望我能美言几句。当然，这时候我会凭我的职业良心做评价，这也反映出了业界口碑的重要性。

3. 去服务商的公司实地走访

这个办法是我以前经常用的，就是去不熟悉的乙方公司看一下。

有一次三家公司来竞标我公司的一个产品发布活动，我觉得最小最不知名的那家公司的创意最好，但由于担心他们的总体服务能力，我就带了采购部的同事去这家公司实地走访。到了那家公司之后，我发现虽然他们的办公室不大，但是设计人员特别专注，客服人员也拥有较为饱满的热情，再加上公司创始人有设计师背景，我最终将活动交给了他们。

虽然，他们首次给我们提供的服务确实存在一些瑕疵，但是后来越做越好，成了公司的长期供应商。

较强的资源整合能力

一个乙方公司不可能在任何方面的能力都很强，这也是为什么现在经常是一个甲方用很多乙方的原因所在。每个乙方都能提供某种专项服务，类似你在买盒饭时会选择一个拉面供应商、一个生煎供应商、一个鳗鱼饭供应商。而综合性乙方的优势则在于他的资源整合能力，对于长期服务或大型项目的服务而言，资源整合能力则比某专项能力更为重要。

合理的价格水平和良好的财务状况

价格是永远不能忽视的问题，当然，我不否认存在又好又便宜的公司，但那种公司只是凤毛麟角，可遇而不可求。你要么在价格上妥协，要么在质量上妥协。但要记住的是，你的领导不会在质量上妥协，你要想便宜，就要自己投入更多的精力去管理服务商，甚至撸起袖子自己干。当然，如果你拥有十分充裕的预算，完全可以找一家价格高些但十分靠谱的公司去处理所有事情。

财务状况包括了乙方的付款方式和账期。大的乙方虽然贵一些，但他们对账期要求不会太高，也不会在做任何事情之前都让你先付钱。在这一点上，小公司的劣势暴露无遗，它没有能力为你垫款，因为垫得太多它可能就会破产。

服务团队的能力和交流默契

选择一个品牌公关服务商，除了需要了解公司的能力，了解个人能力也是至关重要的，也就是直接为你提供服务的那个人或团队究竟具有何种能力和水平。

有些大的乙方公司，他们的套路通常都是CEO、总裁亲自带队做竞标陈述，讲得天花乱坠，将你和你的领导全部迷倒。但是等合同签完之后，却再也见不到总裁和CEO的身影，只留下一个一知半解的实习生为你提供服务。

所以，精明的甲方在一开始就会确认到底是哪个团队或个人准备为其服务，然后让这个团队的负责人来陈述，CEO 可以在旁边补充，团队的主要成员也要在竞标的时候在场。

在品牌公关这个行业中，存在一种非常普遍的现象：乙方公司的总监在有了经验和客户之后，就会离开东家自己创业。原来的客户很多都会因为相信他的个人能力而选择跟定这个客户总监。有时候，一个靠谱的人确实比公司更重要。

提案和陈述：向甲方展示能力的首次机会

在上一节中，我们已经了解了如何选择合适的品牌公关服务商，也就是甲方如何选择乙方。接下来，让我们将视角转向乙方，来看看乙方如何才能做好提案。归根结底，无论是甲方找乙方，还是乙方找甲方，基本原理大同小异，都是甲乙双方找到彼此的共同点，并建立起合作的基础。

对于乙方而言，想要做好提案，前文所讲的特定项目的服务能力和相关经验、发现和调配资源的能力、合理的价格水平和良好的财务状况，这些都是最基本的要素，是甲方十分看重的内容，自然要在提案中有所体现。在外企，这些内容叫作credential，翻译成中文叫作“证书”或“信任状”，也就是要告诉甲方你是谁、你有什么特长，以及如何证明你说的话。

除了这些基本原则之外，我认为乙方在做提案和陈述时，还需要注意以下五个问题：

提案与客户的业务目标一致

这一点是提案的基础。你要了解客户做这个项目的目的是什么，是为了企业的周年庆需要联络客户、激励员工、影响政府、提升品牌，还是一个产品为了提升销量进行项目推广？如果是前者，你所提的方案中要更加重视品牌影响和对政府领导的安排；如果是后者，则要注重项目的效果和销量的具体表现。

提案与客户主要决策人的思路一致

这是一个很多乙方在提案过程中都会经常遇到的问题，但确实非常容易被忽视。乙方接到的甲方提案要求，经常来自甲方市场部或者公关部的工作人员。他对决策领导的思路可能理解正确，也可能不正确。这就要求乙方在做提案前，能够了解甲方决策者的真正需求。比如，某业务部门的领导做某个项目的真实目的，是为了提升该部门在集团中的地位，但又不好在提案要求中明说。你需要做的是通过直接接触领导，或者通过下面的人了解到这个真实目的，然后围绕该核心需求做好提案。

还有一个更大的可能，是领导也不知道自己想要什么。比如年度的媒体合作方案，领导往往会说："你们先做一个东西看看。"这是一种很麻烦的情况，没有方向当然就做不好提案。此时最好的办法，就是回到第一点——找到客户的业务目标，以这个目标为主线。打个比方，如果你给腾讯做提案，你就要围绕马化腾讲的"数字生态共同体"展开；如果甲方换成了IBM，你就要围绕他们的核心战略"认知商业"展开。

体现独特的创意、执行和效果思路

这一点是体现乙方能力的重要标准。无论是广告、公关活动还是新媒体方案，都要体现独特的、能够打动甲方的亮点，让他欲罢不能。

考虑对项目有影响的人的立场

这一点主要针对甲方的内部人员，比如采购部、财务部等。他们对预算、价格有时候考虑比较多，所以要对他们发表的意见留有余地。需要注意的是，在做提案的早期不要被预算这样的问题困扰，而应更多地考虑甲方的业务目标、主要决策者目标和创意高度。

综合考虑预算要求

这就需要你既考虑预算的限制，又兼顾创意的效果。所有的甲方都会说预算紧，但他们同时又希望得到好的创意，不想被其他人说档次低。比如，当甲方说预算是 100 万元的时候，你就同时做出预算为 300 万元、200 万元和 100 万元的 3 种方案，让甲方对好方案欲罢不能。哪怕这次确实因为实际的预算限制，只能选用 100 万元的方案，但下次他有新的需求时还会再找到你。

提案陈述需要注意的问题

做好提案并不代表一切就万事大吉了，我们还需要懂得如何陈述提案。下面就让我们来了解提案陈述阶段需要注意的 7 件事。

1. 选择表达能力最好的个人或小组做陈述

这是保证现场陈述效果的关键。很多专业人员的执行能力很强，但是表达能力并不过硬。这时最好的办法，是让他坐在下面补充或者回答问题，而不是成为主讲人。

2. 介绍和突出参与未来项目执行的人员

我们在上一节中提到，有时个人能力比公司能力还重要。因此，要让甲方见到实际执行的人员，让他们通过提问做一个快速面试。当然，理想的情况是提案的陈述者同时也是项目执行团队的负责人。

3. 准备应对客户可能提出的任何问题

这一点不难理解，在提案陈述前，应该事先进行专门讨论，充分预想甲方可能提出的各种问题，并在陈述团队内部分清职责，确定哪一类的问题由谁来回答。

4. 陈述稿的准备、多媒体使用和陈述演练

陈述稿的准备，关键在于内容的呈现方式和讲述时间。现在多媒

体的陈述形式已十分常见，人们对于PPT、Keynote[①]这些工具也越用越熟练，但也要考虑如何才能最有效地呈现提案的核心内容，PPT的页数要跟规定的陈述时间相匹配。要想做到这一点，最为稳妥的方式便是进行一次又一次的事前演练。

5. 了解客户与会人员的名单、级别和观点

这一点，并不强求乙方在陈述之前便能通盘了解，但也要掌握得尽可能细致。了解参会人的基本情况，特别是有观点和利益对立的领导同时在场时，对陈述能否顺利进行影响甚大。有的领导倾向于跟你合作，有的领导则倾向于另一家服务商，甚至有的领导就是看不惯品牌公关部，这些都需要乙方在陈述中有所意识。当然，没必要因此打乱整个提案策略和节奏。

6. 了解陈述地点，根据场地情况调整陈述结构和内容

这一点特别适应于非常规的地点，比如超大或超小的会议室、酒店等。在这种情况下，会议室的投影状况、音响状况、座位的摆放、陈述人站的位置、声音的大小、是否有甲方人员用电话或者视频从场外接入……这些都是要考虑的因素。所以，面对重要陈述时，乙方应该事先派人到现场实地考察，在陈述演练时进行相应调整。

---

① 苹果公司推出的在苹果系统下的演示幻灯片应用软件。

7. 陈述后获得具体的反馈

提到反馈，绝不仅是得到甲方一个“很好”“还不错”的评价，而是要尽量了解你的提案中他们喜欢什么、不喜欢什么，其他竞标人有何强项值得学习，自己还需要做哪些改进等。

在具体的工作展开之前，提案就是第一块敲门砖，是第一次向甲方展示能力的机会。只有做好提案，才能获得良好的“第一印象”，而这也将会直接影响到接下来的执行工作是否顺利进行。

舆情监测：
寻找你的“眼睛”和“耳朵”

舆情监测这个概念，最早来源于品牌公关行业的剪报。顾名思义，剪报需要人拿着剪子去剪。最早的剪报公司就是雇一些人，每天把各种报纸和杂志收集起来，收集的方式有时是订阅，有时急了就到报摊上去买，然后把报纸上报道不同公司的内容剪下来，用传真和邮寄的方式传给客户。使用这种服务的企业以此获取媒体对自己的报道情况，品牌公关部以此对自己的工作做出考评，比如媒体报道的声量，跟竞争对手相比，自己被提及的份额，媒体报道是正面、中性，还是负面的。

剪报的方法不仅被用于企业，也被用于很多新闻单位。

20 世纪 90 年代，我在新华社伦敦分社做记者，因为我年轻而且会开车，领导给我安排的一项工作，就是晚上 11 点左右去舰队街（伦敦著名的媒体总部最集中的街区）取回英国各大报纸第二天的报样。

报样取回之后，我的一位同事会马上阅读，把重要的内容用剪子剪下，贴在标准的A4 纸上，传真给北京新华社总社。最后，由总社组织人翻译来自全世界各地报纸的内容并结集出版，从而完成了到现在还很有影响力的报纸——《参考消息》。

当下已进入数字时代，剪报已经失去了“剪”的字面意义，转而使用鼠标和手指完成，政府部门也对公众舆论更加关注。作为决策的重要依据，剪报公司变成了舆情监测公司，过去单纯监测主流媒体，现在则是对网站、论坛、社交媒体等进行全域监测。

目前，舆情监测公司大致可以分为三类：第一类是传统剪报公司结合数字技术的升级；第二类是以软件技术为核心生成的舆情监测服务公司；第三类则是政府媒体下属的舆情监测部门，如人民网舆情。

这三类公司各有千秋，第一类公司的服务意识最好，因为他们了解企业的需求，很容易无缝对接；第二类公司的技术好，潜力大，对未来可以提供更好的洞察；第三类政府媒体的舆情监测部门，往往能给人一种高端、大气、上档次的感觉。

舆情监测需要的能力

舆情监测是一个不可小视的工作，如果所选公司的业务不够强大，有可能会导致后续你的所有评估、判断出现严重的错误，危害甚大。当我们选择舆情监测公司时，需要从以下几种能力的维度进行考量。

1. 全媒体覆盖能力

全媒体覆盖能力主要看监测公司能够抓取多少媒体的信息。现在网络端的覆盖用一般技术就可以解决，反而是平面媒体一些不上网的部分，覆盖起来有些难度。虽然网络的传播速度快、影响大，但某些重要的平面媒体和电视媒体的传播，同样会影响到企业的重要权益相关者。因此，当甲方在选择舆情监测公司时，要问他们能否覆盖报纸、杂志、网站、论坛、博客、电视、广播、微信、微博、视频、App，跟多少平面媒体有合作等。这些问题考验的是乙方第一时间获得监测信息的能力。

2. 技术分析能力

技术分析能力是舆情监测公司的核心能力之一，需要在海量信息中准确抓取对客户有用的信息。监测一般靠关键词，但是很多企业的名称同时也是生活常用词，比如如果你把所有网上关于“返利”的内容全发给客户，那一定会把“返利网”这个客户搞晕，这时就需要舆情监测公司有进一步分析的能力。

3. 对客户的定制化服务能力

这一点说的是甲方能否从舆情监测公司得到符合特定需求的最终产品。

舆情监测的服务内容

舆情监测公司的能力，有些时候我们并不能在未进行深入接触之前详尽了解，但却可以通过他们的服务加以判断。通常，好的舆情监测公司会给客户提供以下几种服务：

1. 日报和周报

日报和周报是舆情监测公司的标准化服务，从剪报的时代绵延至今。在一定的时间内了解媒体对企业的报道和评论，是品牌公关人员把握工作方向的重要依据，也是领导层决策的重要依据。

2. 舆情预警体系

舆情预警体系是企业对舆情监测最看重的部分，一般会按照负面事件被曝光、传播和评论的程度分成几个等级。有的公司用颜色作为代号，比如蓝色、黄色、橙色、红色、紫色。颜色越深，表明公众的关注度越高，风险也就越高。

3. 灵活的平台和内容发送

这一点指的是舆情监测公司根据客户的需要，用邮件、微信等多种形式向不同的客户人群发布不同内容的舆情信息。比如，现在大家都习惯用手机，所以移动端的推送就显得特别重要。

再比如，针对银行等舆情信息极为丰富的大公司，你不可能让公司高管收到太多用户在服务网点不满意的信息。这样的信息，监测公司可以通过技术方法进行抓取，并分析出是哪个城市、哪个分行、哪个网点的用户在抱怨。然后，将信息传给该网点的客服经理，让其迅速处理就好，而不必把这样的信息发给银行总行的行长和副行长们。

4. 舆情趋势报告和消费者洞察

这是一种偏重于咨询的服务，意指通过舆情监测和大数据洞察，发现企业经营的潜在危机。比如，如果你是一家食品公司，网上开始议论你们公司的产品“超标”“致癌”。这样的趋势将会如何发展？公众情绪的暗流怎样变成风浪？企业要做什么样的准备？关于这些问题，舆情监测公司都可以提出系统的建议和意见。

5. 专属客服团队

最后一点，也是非常重要的一点，就是服务企业的专属团队。这个团队对企业的业务有深刻的了解，甚至可以逐渐成为品牌公关团队的一部分，他们就是企业的眼睛和耳朵。

服务团队会根据企业的情况，在关键词设置、语义分析、舆情预测等方面为企业提供定制服务，企业也可以要求建立专属的搜索系统，方便随时调用与企业相关的历史和当前的舆情信息。

设置架构：对企业和 CEO 有真正的价值

对品牌公关团队架构的了解，并不局限于五人以上团队的负责人。哪怕你是光杆司令，或者团队只有一两个人，你同样需要了解组织应有的架构，考虑如何把品牌公关部变成一个对企业和CEO有真正价值的部门。

关于人员架构，我们需要解决三个层面的问题。

品牌公关的核心业务职能

品牌公关的核心业务职能又包括了以下几点：

1. 品牌营销

品牌营销在有些公司被放在了市场部，但我认为其实放在品牌公关部会更加科学。品牌营销包括品牌广告和品牌战役。

入行稍早的朋友，可能记得北京首都机场和上海虹桥机场最早的登机廊桥广告，广告主就是我供职过的GE公司，那种展示品牌形象的广告，就是我当时主管的属于品牌公关的业务。

当然，品牌营销不仅仅在于投放广告，而且包括整套的品牌营销战役。我当年主导的机场廊桥广告，就是为了配合公司的奥运合作伙伴品牌营销战役和“绿色创想”品牌战役。“绿色创想”还有很多公关活动，主题是“环保不是慈善，环保可以产生可持续的商业价值和社会价值”。

2. 媒体关系

现在的媒体关系已经从过去的传统媒体层面延伸到了更多领域，包括传统媒体关系、自媒体关系、媒体内容合作和危机传播管理四个领域。

更加细致的分工是大企业的普遍做法，像京东、滴滴、美团这样的大型互联网企业，媒体关系早已不局限于传统媒体，大量的信息发布、品牌和产品推广、危机公关都在自媒体领域发生。

更有趣的是，现在的很多传统媒体人一方面在媒体机构供职，一方面还经营着自己的自媒体账号。有时他在自媒体行业的影响力，甚至比他在供职的媒体机构中的影响力还要大。另外，现在一些企业也收购和运营了不少自媒体，这方面的管理工作虽任务繁重，但对企业价值也很大。

3. 活动管理

主要包括新闻发布、产品发布、企业周年庆典、合作伙伴签约活动、展会、论坛等活动。有的公司把活动管理作为一个支持所有部门的单独职能，有的公司则把这个职能分到各个业务线，谁的活动谁组织。

4. 员工沟通

这是一个跟人力资源部密切配合的部门，在一些国有企业由企业文化部、工会等部门管理。员工沟通在企业变革、企业战略传播中发挥的作用很大。

5. 企业社会责任

这个职能有时候与员工沟通部门合二为一，主要负责企业长期社会责任规划的制订、与公益组织的合作、企业志愿者活动和企业社会责任报道的撰写等。安利等公司还专门成立了基金会，负责总体协调企业社会责任。

品牌公关与市场营销以及政府关系的交叉职能

新媒体的功能现在不仅局限于发布内容，还有营销获客、客户服务、大数据收集等。因此，有些企业的新媒体由市场部来管理，也有些企业的公关部和市场部分别运营着不同的账号。

产品发布活动通常由市场部组织，负责提供产品核心信息、活动创意以及邀请经销商等。品牌公关部负责对外传播的核心信息、媒体邀请和媒体传播。这一部分的分工，在市场和公关两个部门合一的公司就由一个部门统一负责。

品牌公关部和政府关系部的交叉职能是公共事务，公共事务是运用公共关系手段影响政策的政府关系。所以，在有些公司，公共事务归品牌公关部管理，有的归政府关系部门管理。

品牌公关全球总部和地区以及业务部门的关系

这一层面主要涉及的是一些大公司，特别是全国性公司和全球性公司的架构模式，可以分为以职能为核心和以地区为核心的两种。

一个总部在美国的全球公司，中国区的品牌公关总监可以直线汇报给总部的品牌公关全球副总裁或者首席传播官，虚线汇报给中国区的业务总裁。有的公司则相反，直线汇报给中国区业务总裁，虚线汇报给全球首席传播官。至于怎样的架构更合理，没有一个明确的定论，许多公司也在不停改变。

最后，我强调一点：当你的公司和团队变得日益庞大时，建立合理的架构是非常重要的一件事。但是多数品牌公关人或是单打独斗，或是身处一个很小的包罗万象的团队之中。这就需要你能够一专多能，也就是在你具备了类似媒体关系或视频编辑这样一个基本技能之后，便要朝战略思维和多能的方向发展。

我在跨国公司做品牌公关团队负责人时，特别注意培养团队成员的综合能力，即便有明确的组织架构分工，我也会让他们每过一段时间便进行轮岗。比如做媒体关系的去做活动管理，做员工沟通的去熟悉媒体关系，这样他们才能向更高的职位发展而不是长期局限在某一个具体的职能。

绩效考核：
软硬结合，在可控与不可控间寻找平衡

品牌公关的特性就是业绩中包含了很多硬性目标和软性目标、可控结果和不可控结果。所以对品牌公关团队整体和个人设定绩效考核的方式、维度和指标就变得十分重要。

品牌公关的业绩指标

1. 硬性目标

硬性目标通常包括了类似这样的内容：做了几次品牌战役，重要客户参加的活动的次数，新闻稿被媒体采用的数量，自媒体文章阅读量超过设定数字的次数，等等。

2. 软性目标

软性目标是指活动对客户的潜在影响、重要领导和客户在活动后或阅读了企业新闻后对企业的认可程度，等等。

3. 可控结果

可控结果包括每一次品牌战役获得的企业声誉提升的程度，可以通过大数据和抽样调查等方式获得。

4. 不可控结果

不可控结果主要是非品牌公关原因造成的结果，比如公司产品出现问题影响销售和股价，领导人出事导致公司声誉受损，政治形势突变，等等。像韩国乐天因为支持部署萨德导弹导致在中国的业务崩溃，这些都是品牌公关完全无法控制的。

作为品牌公关负责人，你需要对硬指标和软指标、可控结果和不可控结果有清晰的认识和界定，进而帮助你的老板对你设定考核指标，并以此为依据，对你的部下设立绩效考核指标。

品牌公关部的整体考核

关于品牌公关部的整体考核，也就是你的老板给你制定的目标，大致可以分为以下三类：

1. 品牌公关总体目标

首先，品牌公关的总体目标，是为了提升企业在目标客户群中的声誉，获得好感和支持。所以，这方面的指标一定要是多维度的、综合考量的，不要局限于某一个指标。可以参考的指标大致有：重要客户对企业好感度的提升、可以通过调查问卷和第三方机构做的排名等。

在美国，《财富》杂志每年做的“最受尊敬企业”排名是一个业界较为公认的指标，这样的指标与公司业绩密切相关，可以作为参考。国内的类似排名也可以参考但不一定作为硬性指标。

2. 业务发展目标

与企业业务发展目标相对应的传播目标是企业要推进的业务战略。比如大数据战略、人工智能产业布局、从线上到线下业务转移、从单一业务企业到多元化企业、从多元化企业瘦身为专注单一领域的企业、从中国到全球、从全球化到本土化，以及一个或者多个重要产品的发布……这些业务活动的品牌公关支持和传播效果，都是重要的业绩考核标准。

3. 具体项目目标

比如CEO要推进企业文化的变革，公司要实现在海外上市等，这些都属于硬性指标，其他的软性指标则可以不用跟领导特别讨论，但是会被计入你的总体考核，比如领导对你工作的满意度、你对领导要求反应的速度、其他部门对品牌公关部的评价等。

品牌公关负责人对部下的考核

品牌公关负责人对部下的考核，也可以参照领导对负责人的考核标准，分成品牌公关总体目标、业务发展目标和具体项目目标三大类。

1. 品牌公关总体目标

这里的总体目标是指你部下每个职能要做的基本事务。你需要为他们设定与企业业务战略相关的长远目标和短期业绩衡量标准。

以媒体这个职能为例，他的总体目标是为企业发展建立媒体报道的正面调性和相应的声量，避免重大负面报道的发生或者在危机公关中将企业声誉的损害控制在最低限度。

2. 业务发展目标

媒体部门是为公司即将上市的新产品提供媒体传播支持，考核指标除了媒体传播的数量、产品核心信息曝光的程度之外，还可以与市场部的业绩指标甚至整个销售业绩的指标挂钩。

4. 具体项目目标

你可以指派媒体部门实现品牌公关部主管的企业公众号和市场部、研发部等其他部门的自媒体的资源共享和数据对接，和市场部一起建立整个公司的自媒体矩阵、数字监测和获客流程。也可以要求媒体部门建立与某个领域的自媒体，比如时尚、旅行、红酒等 30 个大号的深度合作，又如和新华社、人民日报、环球时报等建立深度合作关系。

另外，关于品牌公关团队成员的绩效考核，同样要考虑硬指标和软指标、可控结果和不可控结果的平衡。比如企业产品出了严重问题上了“3 · 15 晚会”，品牌公关的媒体部门对此不必承担责任，但是对上了“3 · 15 晚会”后的处理过程要承担一定责任。企业业绩下滑引发负面报道是必然的，但是负面报道后品牌公关的媒体部门能否组织中立客观的报道，用以冲淡负面报道的影响，就可以被列为考核的标准。

预算管理：花小钱办大事，有时甚至可以不花钱

品牌公关和广告的最大区别在于，广告是自己说自己好，而品牌公关是让别人说自己好。让别人说自己好，可以靠某种形式的收买，比如现在比较流行的媒体内容合作。但更为重要的是，品牌公关通过对政治、经济、行业和社会的深刻见解，设置公众关心的议题，引发媒体和公众的讨论，从而建立和维护企业的声誉。

简单说，就是花小钱办大事，有时甚至可以不花钱。这个理念乍听起来有些天方夜谭的感觉，但当我们明确品牌公关这一行不是特别依赖高预算建立影响的这一基本事实，我们就会习惯于用最少的钱办最大的事。

品牌公关部门的预算，按照来源和用途，可以分为以下三个方面：

基本运营预算

保证基本的运营预算是品牌公关预算管理的底线。基本预算包括：人员工资、差旅、培训费用；维护媒体和其他重要权益相关者关

系的基本费用；公关公司、舆情监测公司、设计创意公司等第三方的费用。

人员费用比较容易理解，但这里存在一个常见的误解——老板往往给了你很高的工资邀请你加盟，但当你去申请公关公司费用时，老板会说：“我花这么高代价请你，你还要再花钱？要是有公关公司，我还请你干什么？”

所以，作为成熟的品牌公关负责人，你应该懂得，千万不要单纯冲着高待遇就投奔一个老板，你的伯乐至少要对品牌公关有最基本的认知。

与业务发展相关的传播预算

品牌公关是预算比较少的部门，所以我们要学会如何找钱，外企在这方面还专门有个词叫OPM（other people's money），翻译过来就是别人的钱。那么，别人的钱该如何去找呢？

这部分预算一般不会放在品牌公关部门，而是在产品部和市场部等。比如公司要开发一个新口味的巧克力，产品经理会得到一个总的预算，包括市场调查、产品开发、生产加工、宣传推广，也就是营销的四个P——产品（product）、渠道（place）、价格（price）和推广（promotion）。跟品牌公关相关的，就是最后那个P——推广。

有些产品的推广可能会用“广告+公关”的方式，也可能完全通过公关解决，特别是有些不需要打广告的B2B产品。此时品牌公关就需要制订一个有说服力的计划给负责整个产品的经理或者副总裁。

需要记住的是，一定要争取做到先有性感的计划，才能得到更多的钱。而不是反过来，产品部门跟你说："给你5万块，找几个媒体发发稿。"那样你就被动了。

来自CEO和总部的特别项目预算

特别项目一般与CEO和总部有关，比如成为国际奥委会全球合作伙伴、赞助世界杯，或者一个全公司的品牌战略：绿色创想、绿动未来、"互联网+"、数字生态共同体等。这样的项目，肯定不会仅由某个业务团队承担，也不会把钱都划给品牌公关部。但是，因为这是来自总部的大预算，品牌公关部有非常充分的施展空间，要要把钱花好，花得有效果，跟企业的品牌目标和业务目标联系起来。

在清楚了预算来源和用好"别人的钱"这个原则之后，品牌公关预算管理还需要注意下面两个问题。

对项目预算结构的完整规划

主要指的是在做大型品牌战役和赞助项目时，知道要在哪些地方花钱。比如品牌重塑，你可能要花几百万请品牌顾问公司做咨询、定方案；请设计公司设计公司logo、品牌结构和标识的使用方法；做广告和品牌推广、公关活动……这些必须考虑周全，切忌项目做到一半发现没钱了，再向管理层伸手要钱。

赞助活动也非常有意思，像奥运、世界杯这样的大型活动，在企业总预算中，购买赞助权可能只占20%左右，其他的80%都花在了市场的推广上。这一点曾让很多企业吃了暗亏，企业会觉得我已经花钱买了赞助，怎么还要花更多的钱?

其实道理是这样的，赞助是为了与重大赛事绑定做品牌推广。像国际奥委会、国际足联这样的品牌具有巨大的影响力，你用它们的名义要花很多钱，它们也会给你相应的权益，比如在官方宣传品上呈现赞助商的logo等。但是，你买赞助权的目的是为了让更多的消费者知道你，如果不花推广的钱，那巨额的赞助费也就等于白掏了。

保持预算的可持续性

因为品牌公关不能和产品销售直接挂钩，所以企业的投入经常不确定。在公司业绩好的时候多拨预算，在业绩不好的时候甚至不给预算。品牌公关负责人要努力争取类似这样的费用，尽量保证预算不会大起大落。对品牌成长有长期承诺的企业，应该重视这方面的投入。

在市场中，一切的行动、工作都与钱息息相关。俗话说“兵马未动，粮草先行”，做好预算工作，是品牌公关负责人的必备技能。

吸引人才：
像企业那样，经营自己的个人品牌

对于很多刚入行的人才来说，最能吸引他们目光的可能就是企业品牌。所以，我也一直鼓励大学毕业生第一份工作要去有名的大企业。其实不光是对于大学毕业生，对那些有经验的品牌公关人来说也是如此。

但是，如果将企业品牌作为吸引人才的必选项或者pass（通过）项，那么小微企业或者初创企业是否没有一点机会？也不尽然。蔡崇信被马云“忽悠”到了初生的阿里，小米刚起步时一样网罗了大批行业牛人。你的团队无法吸引牛人加盟，只能是因为你不具备这方面的专门技能罢了。其实，想要吸引行业牛人加入你的团队，无非是靠以下三点：

建立你的个人品牌

因为我们是做品牌的，所以用个人品牌这个概念也许要比个人魅力更准确一些。品牌包括品牌定位、品牌管理和品牌传播，就让我们从这三个维度加以说明。

1. 个人的品牌定位

你是谁？有何不同？谁能证明？拿我自己来说，我是一个有新华社记者和跨国公司双重经验的新中国第一代品牌公关人。所以提起李国威（姐夫李），大家就会想起公关专家，这就是我的定位。

2. 个人的品牌管理

你是单一品牌还是多品牌？对个人来说，你或许拥有较为清晰的职业经理人形象，但你可能还有子品牌，比如马拉松跑者、公益项目专家、钢琴爱好者、美食家、旅行家……这些子品牌都会被带入到你的工作中去，也许你要吸引的人才和你有同样的爱好和价值观。因此，你的生活越是丰富，个人形象就越丰满。当然，如果你想要做一个职场顶级的工作狂也不是不行，年轻人就需要一个工作狂老板，这样可以帮助他们快速成长。

3. 个人的品牌传播

你在公司和在行业里要输出自己的主张，建立自己的口碑，拥有一定的知名度。我有一个朋友，是以前新华社的同事，现在出任一家大公司的市场营销副总裁。在他每次换工作时，老板和同事都会说："你是名人啊。"因为在网上可以搜到关于他的报道、他代表公司的讲话，还有时尚杂志对他的采访和大幅的个人生活照。

对人才来说，能给一个有名的老板打工，是一个很重要的加分项，因为这样他可以向自己的家人和朋友们炫耀一番。

我们做企业品牌，就是要把企业当作人，反之亦然，做个人品牌时自然可以使用做企业品牌的方法。除了那些品牌的基本框架，作为个人，我们还拥有自己的个性。在人际交往中，要看是否对路。在很多时候，性格对立的人在工作中反而能更好地互补。所以，吸引人才，要看你和人才是不是对路。

让人才的能力和他的岗位相配

这是吸引人才的基础。找人加盟，最主要的还是为了把工作完成，而不是像找一个伴侣一般，需要彼此考察。

互联网时代的人才更加多元，品牌公关负责人也越来越年轻，很多大型互联网公司的公关总监就 30 岁出头。但是有些岗位，比如传统媒体关系，需要找有丰富的媒体经验的老编辑、老记者，起码是做到部门主任一级的，40 多岁的人。一般来说，向比自己年轻很多的老板汇报，很多人会感到不舒服，但是如果那个岗位能够提供足够多的机会，能够充分施展个人能力，人才还是会愿意加入的。

如果你需要一个新媒体设计专家、活动管理专家或行业白皮书写作专家，如果有足够的预算，那就去找这个行业最优秀的人才。如果预算有限，那就要找那个领域中最有潜力的人才。

让人才在你的团队提升个人价值

对任何人才来说，换公司都有风险。和老板最开始谈得不错，上班后却发现完全无法相处，这也是大概率事件。或者人才原本具备不错的岗位能力，入职后却发现这个公司需要的能力跟自己的优势并不匹配，这些情况都会导致挫败感。所以，让人才在你的团队提升个人价值，是吸引人才的要素之一。

让人才提升价值的方法有很多，比如你所在的公司是一家知名企业，你作为团队负责人在公司和公关行业有影响力，团队所做的事情充满挑战，甚至前无古人。很多老板就是用这些东西吸引到了高级人才，品牌公关也是同样的道理。

以我自己为例，跟过我的团队成员基本上都获得了大幅提升，加薪升职是一个方面，更重要的是我们一起做了北京奥运会赞助、上海世博会赞助、企业品牌升级、企业文化重塑这样一些有行业影响力的项目，获得了宝贵的经历和经验。在他们寻找新的机会时，也会请我写一封推荐信，或者给新的雇主留下我的联系电话，让我作为证明人证实他们在我团队的经历和个人能力。

最后还有一点需要大家注意，吸引行业牛人加入团队的过程往往不会一帆风顺，任何组织和人群都会有磕磕绊绊的地方，企业内部老板与员工之间发生矛盾和冲突的现象十分常见。如能理性对待，也未尝不是个人判断力和应对复杂事物的能力提升的过程。而且，既然我们从事了品牌公关这个行当，懂得了危机管理的门道与讲究，自然也应处理好人才招聘和人才发展中的各种危机才是。

跨部门沟通：
内部沟通往往比外部沟通更重要

单丝不成线，孤木不成林。品牌公关部作为公司中的一个部门，就一定要和其他部门做好沟通工作。作为公司的情报站，我们的辛劳就是希望公司能够有更好的口碑和发展。而公司想要壮大，内部就必定要团结一致，切不可本末倒置。另外，作为公关人员，如果连自己内部的关系都无法处理好，你还如何能处理好公司与外界的关系呢？

品牌的外部支持力量

在明白这个道理之后，让我们来看看品牌公关部在公司内部能够获得的支持都有哪些。

1. CEO的力挺 CEO邀请品牌公关负责人进入公司管理执行委员会，也就是与市场、财务、人力资源等核心部门的领导人一起参与公司战略讨论。

2. 人力资源部门的大力配合 人力资源部门对品牌公关部的人员配置、薪酬标准给予支持。也就是说，当你想招人时，你对人才的薪资建议，HR基本都会支持。

3. 财务部门的宽容 财务部对你的预算比较宽容，知道做什么事情要花多少钱。

品牌公关部门未获支持的几种状况

以上是品牌公关部门所能获得的内部支持的大致情况，而得不到支持的情况，大家也可以想象，大概是：

1. CEO的漠视 CEO平时不找你，也不愿意接受媒体采访，政府和行业活动经常找理由不参加，只有在公司有了大量负面报道，出现危机的时候才会想起你。

2. 人力资源部门的拆台 人力资源部总是质问品牌公关部为什么要这么多人，在公司瘦身时，品牌公关部最先被列入减员计划。

3. 财务部门的质疑 财务部对你的年度预算和项目预算每次都会提出质疑，有时候甚至砍掉一半，而CEO和客户对活动的质量要求却从来不会降低。无奈之下，你只好逼着三星级酒店做五星级的服务。

4. 采购部门的苛刻 采购部对你选择的供应商百般挑剔，为了能让预算100万元的活动节省5000元，竟然要求你使用新的供应商，甚至不顾供应商的专业水平，直接让你使用他们签好的供应商。

5. 其他部门的“过于重视” 还有一种不支持的情况，就是公司内部其他部门不是不重视公关部，而是太重视公关部。无论出了什么事情都会来找你：产品部的客户来公司，他们会请公关部派人带客户参观；技术部想举办一个交流会，让公关部帮忙设计和制作资料袋；更夸张的是食堂推出“美食季”，也让公关部设计一套海报……所有的理由都是：“你们是专家。”

类似这样的难堪还有很多，在此就不一一列举了。

如何做好跨部门沟通

如何解决上述问题：答案是做好跨部门的内部沟通。

很多从事品牌公关的同行都会带着切身的感悟说：“内部沟通比外部沟通还重要。”你会发现一个普遍的现象——越是级别高的品牌公关领导，在外面露面的次数越少，甚至在网上都很难搜索到他们参加的活动和言论。那么，他们都在做什么呢？答案有且仅有一个：内部沟通。

内部沟通的核心原则在于提供价值。那么，品牌公关的核心价值是什么？无疑是建立和维护企业的声誉。

政府、行业、消费者和员工对企业的认知，在企业所有人的对外交往中都可以感觉得到：政府官员谈论你们的新技术，客户转发你们生动的H5，主流媒体报道公司的数字化新战略，员工在朋友圈晒公司的周年派对、CEO在台上的表演，公司在各种排名和榜单中的位置上升，危机对企业声誉的负面影响减少……这些都是品牌公关价值的具体表现。

只有了解自己的核心价值，才能做好自己的本职工作。主动在内部传播由品牌公关部门主导的项目的积极成果，是做好内部沟通的关键。下面我为大家提供几个内部沟通的常用方法。

1. 围绕公司的核心战略，与其他部门合作，推进共同目标

实现公司的核心目标，一定需要各部门的配合，这种时候你不用强调自己多重要。比如公司做文化变革，一定是由人力资源部和品牌公关部牵头，确定文化的基调、表达和传播方式，两个部门必须密切协作；如果公司推出新产品，则一定是市场部和公关部密切配合，有的公司这两个部门已经合二为一，但是品牌公关在产品发布中的议题设置能力和媒体传播能力，对新产品的上市传播至关重要。

2. 利用品牌公关专业知识，帮助其他部门解决实际问题

如果政府关系部要推动一项有利于公司的政府政策，希望通过媒体传播专家的声音，品牌公关部就可以密切配合。

我在跨国公司工作的时候，与法务部有过很多合作。他们为了推广“守法合规”的公司文化和规定条款，曾多次在员工间进行普及，告诉大家什么样的交易不能做，超过多少钱的礼品要哪个级别的领导审批，与竞争对手的接触如何不被解读为操纵价格等。品牌公关部帮助法务部设计了有趣的可读性强的小册子，在办公区做诚信守法推广活动，这些都帮助法务部实现了他们的业务目标。

3. 与其他部门负责人建立交流机制和个人关系

个人关系毫无疑问也特别重要。我在做品牌公关负责人的时候，经常利用其他部门开业务会的机会，跟他们分享品牌公关的新广告和

新策略。有时也会请其他部门的负责人来我的部门介绍他们的业务进展，比如请产品研发部门介绍他们开发的很酷的领先科技。

4. 在领导面前称赞其他部门

在大家共同完成项目、汇报工作的时候，不能贪功，适度称赞其他部门，比如“采购部为这次产品上市活动提供了有力支持，用很短时间高效率考察并选定了 15 家供应商”等。

5. “刻意”展现品牌公关人的工作场景

这里的刻意并不是做作，只需要在晚上团队加班订餐时，看到 CEO 办公室也亮着灯，就也给老板送一份奶茶；或者半夜在酒店做搭建，睡前请住在酒店的人力资源总监到现场视察，聊一聊八卦就好。这些都是为了让内部其他部门知道品牌公关部的工作状态和辛苦。

品牌公关的四个职业发展阶段

没有什么行业比品牌公关更多变，更令人困惑。一个问题不停地跳出来：我在这一行能做多久，我的终极目标是什么？做到最后能怎么样？要不要转行，什么时候转？公关人应该怎样规划自己的职业，在变化中找到自己的归属？我们可以看一下品牌公关人才发展的四个阶段。

第一个阶段：从入行到起步

这一阶段最大的挑战是：转变思维。

一直以来，公关人的起步通常都通过以下几个途径：大学毕业直接加入甲方或者乙方的公关团队，媒体人转行，跟随创始人创业负责公关，以及从相关行业转行而来，比如人力资源。

无论从哪个途径进入公关行业，最初都面临着一个问题——在企业的高度个性化状态下生存。企业和老板个性的放大，要求公关人隐藏或收敛自己的个性。这一点在前媒体人身上表现得最为明显，他们需要转变的跨度也更大。媒体各有不同，但是组织的个性差异绝对比不上企业。在企业做公关，并不单纯考察稿件质量，更要看你是否可以调动资源以此来满足领导对公关的需求。如果说有一项必须强，那就是领会领导意图的能力。通常情况下，领导既指望你公关服务的专业，也要求个性细节的完美。

我刚刚入行的时候，CEO要接受CNN（美国有线电视新闻网）的采访，我的公关领导得意地对我说，今天采访的问题昨天他全部猜中了。当时我就在想，总有一天我也能做到。

要做到这样，不仅要依靠媒体能力，还要看你与老板的关系，看公关部在企业中的地位。一个大公司的公关同行对我说，他负责安排几个大老板的外媒采访，但是管理结构上，上司是公关部总经理，再向上依次是主管副总裁、执行总裁、总裁、CEO、董事长。一层层上去，媒体的问题也许可以想得出来，但是董事长和CEO想什么真的无从得知。

判断一个新的公关人是否适应了这个行业，可以看他是不是经常抱怨。如果一个公关人总是在抱怨工作的各种困难，那么说明他还没有进入这个行业。相反，藏起自己的个性，开始围绕企业和老板的个性悄悄做起事来的新公关人，算是过了入行这一关。

第二个阶段：从起步到上升

对于这个阶段，最深的感受是：初享红利。

过了入行的适应期，得到老板的信任，企业发展势头良好，这是公关人职业上升的时期。

我自己带过的团队里，具有3~5年经历的公关人，处于他们最自在的时期。他们努力工作，很少抱怨，能主管一个项目，带一个实习生，帮公司大老板安排活动，参加公司组织的培训，出差去一趟国外……一切都让他们兴奋。

这个阶段遇到的问题是：下一个工作是什么？虽然知道一定会更好，但总是忍不住会想：要不要从乙方跳到甲方？要不要去读一个MBA（工商管理硕士）？在小公司工作的，会考虑要不要争取去大公司；在大公司工作的，会考虑要不要去正招人的创业公司。

克服选择焦虑的办法是：把一个领域做深做专，提升自己的价值。比如成为员工沟通专家，在这个基础上，留在本公司可以要求跨出本界，尝试做品牌策划、媒体关系；离开本公司，可以做更高职位的员工沟通经理。

在这个发展阶段，每一个项目、每一个经历都有特别的意义，都要铭记于心，体会至深。无论是成功还是挫折，都要记录下来，使其成为自己的方法论，建立自己的思想财富大厦。在未来的职业发展中会体会到，每个人都有停滞期、困惑期，唯有这个从起步到上升的阶段，回忆总是充满色彩。

第三个阶段：从上升到成熟

该阶段，体会最深的是：困惑纠结。

当你走向成熟期，自我感觉良好的时候，要分清哪些是平台/公司带来的，哪些是属于你自己的能力和资源。经常出现的感觉是：你觉得你可以带更大的团队，但是根本受不了部下直接与你的领导对话这样的小事；你觉得媒体关系尽在掌控，但是自媒体反复攻击，在领导的压力和合规的底线面前你束手无策；你觉得你很懂传播，很有审美，但是你亲自批准的广告创意和推广文案，上线以后或一片骂声，或沉寂无声……

我在和一些35~40岁的公关人交流的过程中，明显感觉到大家选择的困惑。有乙方公关人的不安："公司在数字化转型，来了好多做新媒体的，做创意的，传统公关越来越被边缘化，我觉得要尽快到甲方找个职位。"甲方也有甲方的难处："公司在调整，我管的业务线要砍掉，公关自然也没了，我在这里做了10年，去别的公司怕不适应，也不知道谁能看上我。"

能力和经验已经到了一定高度的公关人，最需要的是三种东西。

1. 良好的心态

这一点最为困难。职场中通常会出现这样的情况：对自己认识不清，认为自己可以得到高职位、高薪水，但是自己的能力和雇主的需求，自己的个性和企业领导的个性之间都存在一定差异；即使拿到了高职位、高薪水，工作不顺心又很快便有离开的冲动。事实上，所谓的保持好心态，就是准备从零开始，但是任何时候都不要怀疑自己的能力，10年公关的职业历练无可替代。

2. 持续学习的能力

所谓持续学习的能力，就是在不断吸收新知识的同时，将纷杂的知识总结、消化，然后尝试着输出，输出是最好的学习。

之前我们更多的是在听别人传授经验，现在尝试将自己的经验和方法记录下来，讲出来，如果讲得不够顺畅，就要思考一下问题出在哪里，是经验本身有问题，还是总结的方法不对，还是自己的表达出了问题。读一读《刻意练习：如何从新手到大师》《精进：如何成为一个很厉害的人》这样的书。

3. 得到行业推手的帮助，俗称“贵人相助”

要得到贵人相助，重要的是积累人脉。个人品牌在进入职场的第一天就发挥着非常重要的作用，专业能力、为人处事的态度、对他人无私的、有私的帮助，在某一个时刻都会“显灵”。

在我职业发展最困难的时候，一位记者朋友帮我介绍了工作，这让我感激不尽。我也曾多次帮过自己的下属、实习生和朋友，为他们推荐职位，接听用人单位人力资源工作人员长时间的电话背景调查。当然，在当事人加入我推荐的公司后，可能会发现原来事情和最初的设定并不一样，本来发展不错的业务半年后便解散了，我还要去道歉，人家通常还会反过来安慰我：“没事的，怎么能怪你！”其实我觉得把人扶上一匹马，哪怕是一匹坏马，他也能起码往前走几步，而且他还能学习辨别一匹马的好坏。

第四个阶段：从成熟到飞跃，从成熟到退出

到了这个阶段，你更多需要考虑的是：价值升华。

这个阶段，要回答公关人的职业终极目标问题。我们可以看到这几个路径：

1. 成为CMO（首席营销官）和CEO

这条路，是勇敢的人走的。我们身边不乏这样的榜样。

比如我在通用汽车工作过时公关部同事郑杰，现任广汽菲亚特-克莱斯勒（FCA）汽车销售有限公司总裁，FCA中国区COO（首席运营官）；又如IBM大中华区首席营销官周忆，观致汽车主管市场和公关的执行副总裁宁述勇等。

他们都是公关人出身，然后走出自己的舒适区，做市场，做销售，最终成为公司管理的核心层。

2. 上市、套现，实现财富和职业的双重目标

这条路，也是勇敢的人走的，中国公关30年的成长，以蓝色光标为代表的一批公关公司，以拥抱资本市场，将业绩出色的公司出售等方式，获得了个人财富和职业发展的双重收获。公关人，特别是乙方公司，不再是被人吆喝的服务商，而是帮助甲方完成从战略到实施的一系列事务，个人也拥有巨大财富的企业家。

3. 专业自由人

第三条路，给不够勇敢但足够专业的人。在这个行业开始被“80后”“90后”主宰的时候，还有一批“60后”和“70后”在大企业发挥着举足轻重的作用，他们的行业深度、公司人脉和全球视野很难被超越。他们或者选择在公司服务至退休，或者像我一样在50岁出头的时候，开始做这个行业以前没有做过的事——专业自由人。

4. 成为全球公司的CCO（首席传播官）

以前在跨国公司做公关，因为语言和文化形成的玻璃天花板开始随着中国企业走向全球被打破。我在京东集团、海航集团这样的大公司工作的朋友，就是在领导公司在海外的公关，管理世界各地的非中国籍员工。这种挑战和职业满足感，非昔日能比。

公关人的职业发展和归宿，是我们每次遇到挫折时就要考虑的问题，但是当你困惑的时候，一定要想到，还有很多自己的同行在面临同样的问题和挑战，还有更多的人走出了困惑，看到了一片更广阔的天地。